# 「価格上昇」時代のマーケティング
## なぜ、あの会社は値上げをしても売れ続けるのか

Yuji Kosaka
小阪 裕司

PHP
Business Shinsho



PHPビジネス新書

# 序――2022年、価格が崩壊した

物価が上がっている。それも、急激に。

「仕入れ価格が『時価』になりました」――調理器具などの通信販売を行う「バリュー通販」の久保秀太氏は、昨今の情勢をそう表現した。

メーカーから送られてくる見積書に、「価格については、次はどうなるかわからないので、都度お問い合わせください」とあるのだ。

「ブルゴーニュのワインやシャンパーニュが入ってこない。仕入れ競争にもなっていて、卸値が2、3割上がる。ボジョレーは倍くらいになる」――酒店「朝日山千葉悦三商店」を営む千葉剛章氏は、仕入れ先からそう告げられた。

小麦粉、飲料、ガソリン、外食代……2022年7、8月だけで実に4000品目の商品の値上げが行われ、年内に値上げを予定している品目は1万5000品目に及ぶという。これは生活者としても困ったことだが、ビジネスを営む側としても大問題である。

まさに、コロナ禍以来の大激変だ。

2020年に始まったいわゆるコロナ禍においては、「人の動きが制限される」という、ここ数十年間我々が体験したことのない事態が起きた。

私が主宰する「ワクワク系マーケティング実践会」でもこの時、多くの企業や店舗が危機に陥った。もっとも、元から顧客との良好な関係を築いている企業はむしろ、コロナ禍の中で業績を伸ばしさえしたのだが、それでも当初は多くの企業から「どうしたらいいのだろうか」という相談が数多く寄せられた。

ただ、コロナ禍と現在の物価高では、会員企業の受け止め方は少々違う。もちろん、原価上昇は苦しいし、悩んでいる企業も多いのだが、今回は比較的静かというか、「物価が上がったなら、値上げをする」という反応が多い。

それはおそらく、会員企業の多くが物価上昇の前から「価格を上げる」ことの必要性をよく理解し、それぞれが取り組んできたからだろう。

むしろ「今が値上げのチャンスです」と言い切った人すらいる。

## ◎「値上げの仕方」を忘れてしまった日本人

一方で、私は一般のビジネスパーソンや商店などに対して講演を行うことも多い。その際の、今回の物価高に対しての反応は大きく異なる。

「これ以上の価格維持は無理。どうしたらコストを下げることができるのか」

「値上げをしたら顧客が離れてしまう。どうしたらいいのか」

そんな悲鳴にも似た声が私のもとに届く。


この違いは何だろうと考えていて、ふと気づいた。

「日本人は、値上げに慣れていない」

ということに。

考えてみればこの30年間、日本ではデフレが続いていた。価格は下がりこそすれ上がるものではなかった。さらにその前は大量生産、大量消費により、「良い品をなるべく安く」の時代だった。つまり、日本人には「価格は安くなくてはならない」という固定観念が根深く染みついている。

だが、本当にそれは正しいのだろうか。

いいものを「高く」売ることは、商売の本質ではないのか。

安くしなくては買ってくれないというのは、自分たちが扱っているものに関して「安さしか価値がない」と言っているようなものではないのか。

そう考えると、むしろ値上げというのは、しごくまっとうなことなのではないか。

ただ、長らく値上げというものをしたことがない日本人は、「値上げの方法」を知らない。あるいは、忘れてしまった。

そこで値上げの方法を、いわば「値上げの作法」を説こうというのが本書である。

ひょっとしたら本書を、「値上げをしないための方法」「コストをなるべく削減する方法」だと思って手に取っていただいた方がいるかもしれない。だとしたら、申し訳ないがその期待に応えることはできそうにない。

本書はむしろ「値上げをする本」であり、そして「価格を上げ続ける本」でもあるからだ。

さらに言えば、「仕入れ値が上がったので、やむを得ず値上げする」ための本でもない。誤解を恐れずに表現すれば、「仕入れ値や原価とは関係なく、値上げをするための本」だ。もちろん、これは「便乗値上げ」のことを言っているのではない。

「自分の扱っているものやサービスの価値に応じて、値を決める」ということである。

## ◎「苦しみながら生き抜く」ではなく

私はこの本のタイトルを『「価格上昇」時代のマーケティング』とした。当初は「物価上昇時代」「価格高騰時代」というタイトルも考えていたが、そうはしなかった。

それには理由がある。

今回起こっている物価高は決して、一過性の物価上昇や価格高騰ではないということだ。

つまり、今後は物価が常に上がっていく時代がやってくる。今ほど急激ではないかもしれないが、徐々に価格が上がっていくのが当たり前になる。少なくともこの30年間のように、物価がほとんど変わらなかったような時代はもはや、過去のものとなる。

そんな「価格上昇時代」に、我々は慣れなくてはならないのだ。

安売りをする際によく「我慢する」「努力する」という言葉が使われる。「お客様のために頑張って価格アップを防ぐ」というと聞こえはいいし、その努力を否定するわけではない。

ただ、そうやって「我慢するビジネス」は本当に持続可能なのだろうか。

自分たちが苦しむようなビジネスに、お客さんは本当についてきてくれるのだろうか。

そうやって我慢し続けたところで、再び物価が下落するような時代は訪れるのだろうか。

さらに言えば、そんなビジネスをやって、本当に「楽しい」のだろうか。

この価格上昇時代を苦しみながら生き抜くのではなく、「良いものを提供し、適正な価格をいただく」というビジネスの基本に回帰する。無理なく楽しく、自分のビジネスを成長させていく。

そして、そこから生まれてくる「価値」で、お客さんを魅了し続けていく。

多くの企業や店舗にとって、本書がそんなきっかけになれば、著者としてこれ以上の喜びはない。

2022年8月

小阪　裕司

# 第2章 「安さこそが価値」からの脱却

# 第3章 「価格」は「価値」に従う

## 第4章 「値付け」の作法——顧客を見て価格を付ける

# 第5章 「値上げ」の作法

## ——価値あるものを、さらに高く売るために

第6章

# 今、目指すべき「マスタービジネス」への道

# 第7章 「値決め感性」の磨き方

編集協力◆スタジオ・チャックモール

# 第1章

# 「価格上昇時代」がやってきた

## ◎10年前からあった価格上昇の兆し

２０２２年春ごろから顕著になった物価高は、生活、そしてビジネスのあらゆる面に影響を及ぼしつつある。２０２０年以来のコロナ禍、２０２２年2月に始まったロシアのウクライナ侵攻など、世界は明らかに激動の時代を迎えつつある。

一方で、昨今の物価上昇を一過性のものだと考えている人は意外と多い。そういう人は、「この苦境さえ乗り切れば、物価上昇もいずれ落ち着くはずだ」と考えているかもしれない。

確かに半導体不足はコロナ禍によるサプライチェーンの逼迫《ひっぱく》がその大きな要因だし、エネルギー価格の高騰はロシアのウクライナ侵攻の影響が大きい。コロナ禍が収束し、ウクライナでの戦争が終結すれば、このコスト高の状況も落ち着くだろうということだ。

しかし、私はそうは思わない。物価上昇は決して今、始まったことではないからだ。

もう10年ほど前のことになるが、鮮烈に覚えていることがある。講演会で金沢に行ったときのことだ。私はカニが大好きで、北陸に行くたびに本当においしいカニ料理を出すお店に行くことにしていたのだが、その価格がちょっと驚くほど上がっていたのだ。

翌日、地元の企業の経営者との会合でその話をしたところ、理由がわかった。「良いカニは中国の業者が船ごと買ってしまっている」というのだ。だから良い品になればなるほど品不足になり、価格が高騰しているという。

当時、中国の所得レベルが上がり、巨大な富裕層および中流層が生まれてきていたときだった。これらの人々の旺盛な購買欲と購買力に、日本が「買い負け」していた。それがカニの価格上昇の理由だったのだ。

戦後の日本で経済が復興しつつある当時、アメリカのドラマを見た人がその家庭内で当たり前のように使われている洗濯機や冷蔵庫を見て、消費意欲を掻き立てられたという。そして、生活が豊かになるにしたがって、こうした家電が飛ぶように売れるようになった。

まさに同じことが中国で起きていたわけだ。日本のカニの味を知った中国の富裕層や中流層が、「こんなにおいしいものがあるのか！」と消費意欲を掻き立てられ、実際にそれを手に入れるだけの購買力を手に入れたのだ。

## ◎その正体は「買い負け」

そういう視点を持つと、**多くの分野で日本が「買い負け」している状況**が見えてきた。不動産がその典型で、私の知人の不動産会社社長によれば、一等地の優良物件になればなるほど、外国資本がすぐに買っていくという。

ただ、こうした「買い負け」による物価上昇に気づきにくかったのは、一方で低価格の商品も流通していたからだ。カニならばロシアなどを始めとした安価な海外産のものが平均価格を下げていたし、それらの調達にも苦労はしなかった。全体をざっくり見ているとこの「買い負けによる物価高騰」に気づきにくかった。

つまり、「いいものは秘かに取り合いになっていて、それ以外のものは一見、変化がない」という状況が長く続いたわけだ。

しかし、事態は大きく動いた。コロナ禍やロシアのウクライナ侵攻などにより、突然、さまざまなものの流れが滞り、不足し、取り合いになった。特に燃料や小麦粉など、多くの商品・製品に原価として関わるものの値段が一気に上がり始めた。

そこに円安が追い打ちをかけている。ほんの1年前に1ドル110円程度だったものが、2022年7月にはついに1ドル139円にまで上昇した。これは、輸入品の価格が1年で2割上がったということであり、円による購買力が2割下がったということでもある。

## ◎コロナ禍や戦争が終わっても、この流れは変わらない

このような状況下で、今後「買い負け」は進みこそすれ、収まることはないだろう。

しかも、今後は中国だけでなく、インドやインドネシアといった人口の多い国々で富裕層や中流層が一層増加していく。

一番確実に読める未来は人口動態だといわれる。これらの国々の消費人口が増えていくことはもうわかっていることであり、その人たちが富裕層・中流層になれば当然、購買力が高まる。

もちろん、昨今の物価高は原価高騰の影響が大きい。しかし、本質的な問題は購買力の問題なのだ。

つまり、コロナ禍が収束し、ウクライナでの戦争が終結しても、物価高は収まらない。そう考えておいたほうがいいだろう。

## ◎バブル以来のデフレによる過剰反応

このような状況を受け、「価格を上げなくてはどうしようもない」という機運は徐々に高まっているように思う。しかし、ここに一つの問題がある。**日本人は「価格アップを過剰に恐れている」**ということだ。

バブル崩壊以来、日本は30年近く、消費者物価の上昇が抑えられていた。それどころか「デフレ時代」と呼ばれるように、むしろ安くなる商品も多かった。吉野家の牛丼が200円台にまで値下げされたことを覚えている人も多いだろう。

また、パソコンなどがその典型だが、技術が進んで汎用化されるとともに、価格も下がってくる。つまりこの30年、物価はむしろ下がっていったというのが、多くの人の実感ではないだろうか。

そんな時代が長く続いたため、メーカーも卸も小売りもサービス業も、「値上げ」というものに慣れていない。だからこそ、「本当に値上げしていいのか」「値上げをしたら顧客が離れていくのではないか」「値上げするとして、いくらにすればいいのか」「それをどのように伝えたらいいのか」と、さまざまな迷いを抱えているのだ。

## ◎今、目の前にある「二つの選択肢」

このような状況において、我々には二つの選択肢がある。

一つは「頑張って価格を維持すること」。そして、もう一つは「値上げをして、適正な価格で販売すること」。

最近、巷で「値上げせずに頑張ります」といった貼り紙を見ることがしばしばある。物価の上昇に対してコストカットや効率化でなんとか価格を抑えようとしているのだ。先日観たテレビ番組では、ある大手企業の社長がコストカットによる価格維持のために、社長室のエアコンを切っているという話が紹介されていた。

こうした努力には頭が下がる。しかし……今後、今以上の物価上昇が見込まれている中、果たしてその努力をいつまで続けることができるのだろうか。

私が推奨する選択肢は当然、**「値上げをして、適正な価格で販売すること」**だ。

そうしないと多くの店や企業が立ち行かなくなる、という理由はもちろんある。ただ、それだけではなく、このまま「値上げせずに頑張る」ことを続けると、日本経済の発展が阻まれ、日本の世界における地位はさらにずるずると下がっていってしまうと思うからだ。

## ◎いつの間にか「安い国」になってしまっていた日本

コロナ禍直前の2019年、訪日観光客数は過去最大の3000万人を超えていた。都心や観光地には外国人が溢れ、ちょっとしたバブルの様相だった。

ではなぜ、外国人が日本に大挙してやってきていたのか。その大きな理由は「日本が安いから」だ。

アメリカ在住の知人の教授が先日、アメリカの「一風堂」に行ったところ、ラーメン1杯にトッピングを付け、ちょっとしたつまみとビールで60ドル、つまり約8000円もしたのだという。アメリカの物価はこの20年で約2倍になったというが、この話を聞く限り、それでは済まないかもしれない。

そんなアメリカ人にとって、ラーメン１杯が１０００円もしない日本はパラダイスだ。そもそも昨今の先進国において、ちゃんとしたランチを１０００円以下で食べられる国など日本くらいしかないのではないか。

アメリカだけではない。ヨーロッパも中国も、物価がどんどん上がり続けている。アジア各地のリゾート地でも、以前行ったときと比べて驚くほど物価が上がっているのを実感することがある。逆に言えばそれは、相対的に日本が安くなっているということだ。

先日、日本の購買力が50年ぐらい前に戻ってしまっているという衝撃的なデータが発表された。日本人はあらゆる面で海外に対し「買い負け」しているのだ。

## ◎その先にある「あまり考えたくない未来」

では、そうして訪れる未来はどうなるのだろうか。

紅茶の産地として知られるスリランカだが、上質なセイロンティはほぼすべてが輸出に回され、現地にはほとんど出回らないという。同様に、高級コーヒー豆の生産地でも、現地の人はほとんどそれを飲んだことがないという話をよく聞く。

同じようなことが日本で起こりうる。高級品はすべて海外に輸出され、日本国内には品質の低いものしか流通しなくなる。

実際、ホテル業界で近い現象が起きている。コロナ禍でこれだけニーズが減ったのに、ホテル価格は高止まりしており、一方で1泊10万円以上するような高級ホテルが続々とオープンしている。海外からのインバウンドやビジネスニーズを意識したものだ。

私は数年に一度、シンガポールの大学で地政学を学んでいる。そこで以前、教授から聞いた話が強く印象に残っている。

当時、観光立国を標榜し、実際にインバウンド需要が拡大しつつあった日本に対し教授は、それは正しい道だと指摘しつつも、「訪日観光客数の増加をひたすら目指す方針は間違っている」と指摘した。

日本は観光資源に恵まれた国である。歴史も自然も文化も食も、魅力的な観光地に必要な要素がすべてである。東南アジアを中心にリゾートホテルを展開するアマングループが進出先を決定する際に考える検討要素があるそうだが、それをすべて満たしているのは、世界で日本だけなのだそうだ。

だが、京都を訪れると、駅前から寺社仏閣まで人で溢れている。一般の観光客はいいが、富裕層はそうした雰囲気を嫌い、離れていってしまう。そこで、京都のような街は超ハイエンドなホテルを中心にすることで観光客を絞り込み、数よりも「どれだけお金を使ってもらうか」を意識したほうがいい。そういう話であった。

その話に深く納得するとともに、一抹《いちまつ》の懸念がよぎった。そうなると、もはや日本人は気軽に京都にすら行けなくなるのではないか。市内の一等地のホテルは外国人しか宿泊できず、日本人は市外にしか泊まれなくなるのではないか、と……。

大げさに思われるかもしれないが、私はここが日本という国にとってのターニングポイントではないかと考えている。すなわち、この価格上昇局面において、「ひたすら安さにこだわる」のか、「よりいいものを、より適正な価格で売る」ことに意識を転換するのか。

もし、前者にこだわり続けてしまうと、日本はさらに「安く買い叩かれる国」になっていってしまう恐れがある。そのような未来は、誰にとっても考えたくはないだろう。

# 第2章

# 「安さこそが価値」からの脱却

# 2・1

# 安さという呪縛

## ◎「安いことは良いことだ」という固定観念

ここまでの話をいったんまとめよう。もともと、日本ではかなり前から「買い負け」が起こっていた。しかし、一方で安い汎用品が出回り、そして価格上昇を抑えようという企業努力もあり、物価高がそれほど明るみに出ることはなかった。

しかし、コロナ禍によるサプライチェーンの断絶や戦争によるエネルギー問題などがあり、物価高が一気に顕在化した。それにより、本来は徐々に進行していた価格高騰の波が一気に押し寄せてきた。

とはいえ、多くの企業や店舗では、もはや値上げは不可避と思いつつ、なかなかそれに踏み切ることができない。それはなぜかというと、多くの人が「値上げは悪」という固定観念に縛られているからではないだろうか。

もちろん、安くできるならそのほうがいいだろう。しかし、いいものを提供するならば、その対価としてそれなりの金額をいただくことは、ビジネスの基本でもある。

なのに、なぜか**「1円でも安くなくてはならない」という考えに縛られている人が非常に多い**ように感じる。特に小売業に属する人に、その傾向が強い。

まずはこの「呪縛」から逃れられないと、価格上昇時代には生き残ることはできない。

## ◎「とにかく安く」の時代は終わった

ではなぜ、日本人はそうした呪縛にとらわれているのか。その源流は戦後日本の貧困にあったのではないかと、私は考えている。

戦争に負け、日々の生活必需品にも事欠く中、多くの産業人たちが商品や製品を広くあまねく世の中に行き渡らせることを自分たちの使命とした。ゆえにそこでは、「とにかく安くすること」が優先課題だった。その後、大量生産によりコストは下がり、日本人は良い商品を安く手に入れることが可能になり、生活のレベルもどんどん上がっていった。

そして、そんな先人たちのおかげで、日本は奇跡と呼ばれるような復興を成し遂げることができた。


そのことに対して、我々はいくら感謝をしてもしきれない。

ただ、平成になったあたりから、明らかに世の中の流れが変わってきた。生活必需品はほぼ全国民に行き渡り、誰もがそれなりの生活レベルを維持できるようになった。いわば「1億総中流」だ。「必要なものをなるべく安く」という時代は終わったと言っていい。

しかし、我々ビジネスパーソンの意識は、その当時のままであるようだ。

私が長らく主宰しているビジネスの会・ワクワク系マーケティング実践会の会員の中にも、「値上げするのはお客さんに悪いことだと思っていました」と言う人がかなりいる。

先日もセミナーでこの「安さの呪縛」の話をした際、反応が大きくて驚いた。それほど多くの人がこの呪縛にとらわれていたことを、改めて思い知らされた。


これは前述したデフレの影響も大きいだろう。ここ20年ほどデフレが続き、しかも企業やお店が「頑張った」ことで、価格が固定化されてしまった。そのせいで、**「価格を上げ**

**るのは悪」という意識が残り続けてしまった**のではないだろうか。

むしろ、年々初任給が上がっていた高度成長時代のほうが、価格の流動性が高かったように思う。それこそ毎年、ひょっとすると半年に一度くらいの割合で値上げをしていたのではないだろうか。

しかし、それが批判されることもなければ、今日のようにニュースになることもなかった。

## ◎消費者は二つの顔を持っている

昨今、「値上げ」「物価高騰」についてのニュースを見ない日はない。スーパーで主婦がインタビューに答え「物価が上がって困る」「もっと節約しなければ」などと答えているのを見て、「やっぱり値上げは悪なんだな」と思ってしまう人もいるだろう。

ここで理解しておいてほしいことは、「消費者は二つの顔を持っている」ということだ。

たとえば、インタビューで「生活費を節約しなきゃ」と答えて、実際に少しでも安い日

### 節約ではなく「予算配分」

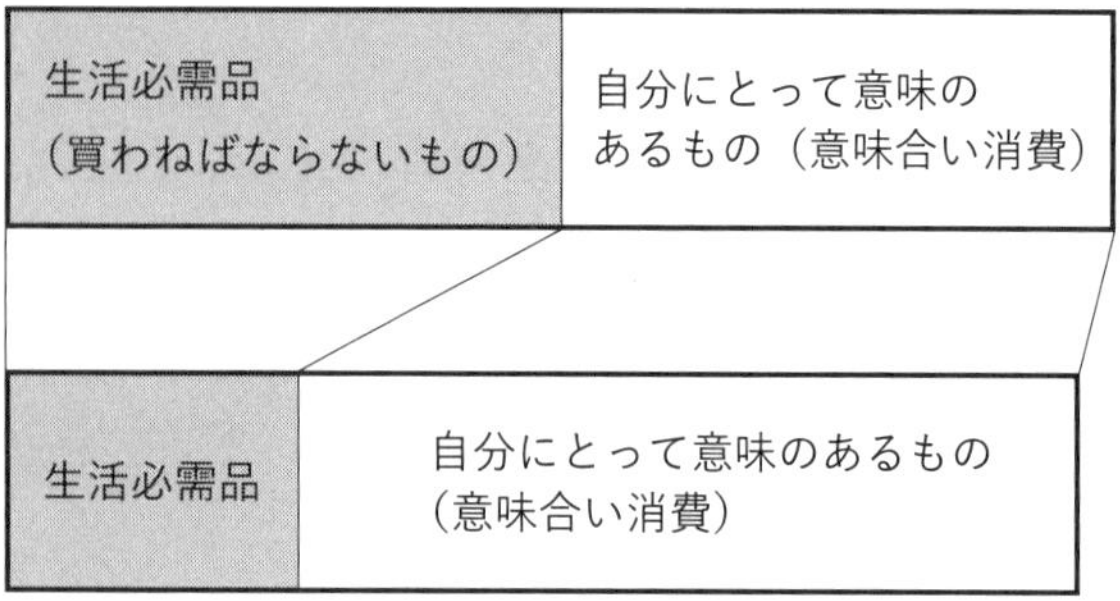


予算配分によっては、使える総額が減ってもむしろ「自分にとって意味のあるもの」に使う金額は増えることすらある。

用品を購入しようとしている主婦が、一方で趣味のクラフトには進んで高額な材料を使っていたり、はまっている韓流の「推し活」には大いにつぎ込んでいたりする。これが、現在の消費者像だ。

つまり、ここでいう**「節約」とは、「予算配分」の話**なのだ。限られた予算の中で、配分したいものにお金をより配分するために、どうでもいいものは切り詰める。

この二つの顔はスイッチを切り替えるように、一人の人間の中で一瞬にて切り替わる。だから、インタビューを受けた際には節約のほうのスイッチが入り、「生活費を節約しなきゃ」と答えるのだ。

同様に、世論調査の結果を見る際にも、少し気を付けたほうがいい。

先日も、「価格上昇で生活が苦しくなったか」「物価高を容認できるか」という世論調査が行われており、「苦しくなった」「容認できない」という結果が過半数に達していたが、そもそも「物価高を容認できるか」と聞かれた瞬間、節約のスイッチが入る。

別の観点からお話しすると、「支払い」というのは顧客にとって常に「ペイン」(痛み)である。この痛みは誰にでも発生する。ウォーレン・バフェットやイーロン・マスクほどの大富豪でも、支払いは少ないほうが痛みは少ない。安いほうが嬉しいに決まっている。

「値段が高すぎる」「安くしてほしい」という世間や顧客の声は聞くべきではあるけれど、それを真に受けすぎないほうがいいということだ。

## ◎それでも「安さの土俵」で戦いますか?

この価格上昇局面において、おそらく一時的に「安売り」がもてはやされることになるだろう。実際、大手スーパーのプライベートブランドに人気が集まり、ディスカウントストアに人が溢れているなどのニュースも見かける。

また、こういう状況を逆手に取って、あえて「安さ」を売りにしてくる会社もあるだろう。今までよりいっそう安い金額を提示する、今まで1名で対応していた仕事を同じ価格で3名にて対応する、といったことである。実際にそういう競合が現れたという話を各所で聞いた。

そんな時代だからこそ、「安さにこだわる」という判断もあるだろう。その土俵で戦うことを否定はしない。しかし、安さを追求しようとすると結局、どうしても大きな企業が有利になる。大量仕入れによって原価高騰を最小限に抑えたり、DX（デジタルトランスフォーメーション）によって大幅なコスト削減が狙えるからだ。

それでもコスト削減は容易ではないだろう。10円、20円のコストカットのために、各社は厳しい戦いを繰り広げることになる。そして、やっとの思いで10円の値下げを実現したところで、今度は12円の値下げをした競合に売上をごっそり奪われることになる。

## ◎「頑張って価格を維持」はもうやめよう

つまり、もしあなたが「安さ」で勝負しようとするならば、そのような、１円を巡る厳しい戦いを覚悟しなくてはならないことになる。

ならば、多くの企業は消費者が持つもう一つの顔のほう、すなわち「生活必需品への出費を削ってでも使いたいもの」へのシフトをこそ目指すべきではないだろうか。

日本企業は企業努力により、価格上昇をなるべく抑えてきた。その努力がどうにもならなくなってきている今、その常識を捨て去るときだ。

日本語ではそもそも、「頑張ります」「勉強します」という言葉が値下げを指すくらいだが、そのことがいまだに「良い商品を安く普及させることこそが重要」という、戦後の日本の常識が色濃く残っている証拠だ。もちろん、そうした時代を作ってきた先人たちには感謝をしつつ、今こそそこから脱却すべきなのだ。

「安いこと＝善」「高いこと＝悪」という常識を捨て去ること。言い換えると、**価格維持のため、あるいは値下げのために「頑張るのはやめる」と決断する**こと。それが、価格上昇時代にうまく対処するためのスタートだ。

## 2・2 「意味合い消費」が求められている

### ◎「ランチ1000円の壁」のその先に

先ほど、「1000円でランチが食べられるのは日本くらい」という話をした。そこで、こんな事例を紹介したい。東京都北区主催の「ワクワク系の店づくり実践講座」に参加した定食店「赤羽定食屋　農のう」のケースだ。

「ランチは1000円以内であるべき」という意識があった店長・宮地由加氏は、ずっと価格を1000円以下に抑えたメニューを提供していた。そこに今回の原価上昇の波が押し寄せてきた。宮地氏は言う。

「通常、価格高騰や値上げラッシュの際に考えるのは、いくらずつ値上げしようかとか、どうやってそれを企業努力でカバーしようかといったことです。たとえば、量を減らすか質を下げるという実質値上げ。コロナ禍での品不足で資材が値上がりした際には、価格を値上げするのではなく、容器代を別途もらうということで、お弁当の購入者に理解してもらいました。

ただ、今回の食材値上げでは、『価格帯の幅を広げる』ことを考えました。具体的には、旬をたっぷり味わってもらう高価格な新メニューを作りました」

そうして彼女は、１０００円の壁を大きく越えた。

すると、ほとんどのお客さんが、価格が高い旬の新メニューを選んだのだという。当然、顧客一人当たりの単価も上がっていった。しかも、「農のうさんの定食は裏切らないおいしさだね」と嬉しい声が数多く寄せられるという結果になった。「お客さんとの関係が良くなりました」と宮地氏は言う。

これまでと同じ働き方、同じ労働力で、以前と同じかそれ以上の利益を出すことができているという彼女は、喜ぶお客さんの反応を日々見ながら、「今まで、あまりお金を使わせては悪いと思っていたのはなんだったんだろう」と痛感したそうだ。

私はこれこそが、現代の消費者心理をとてもよく表していると思う。つまり、**「どうで**

**もいいものにはお金を使わないが、自分にとって意味があると思ったら、惜しみなくお金を使う」**。これを私は**「意味合い消費」**と呼んでいる。

彼らも普段、「おなかが満たされればいい」と考えているときは、安さ優先で弁当を選んでいるかもしれない。しかし、「おいしいものを食べて良い気分になりたい」「活力を得たい」というときには彼女の店にやってきて、旬の食材を使ったおいしいランチを食べる。そうすることで心も満腹になるのだ。

## ◎「欲しいものがない」は本当か？

前項で私は、「生活必需品への出費を削ってでも使いたいもの」へ自社の商品をシフトすることをお勧めした。では、価格上昇時代においても惜しみなくお金を使ってくれるものとは何か。その答えこそが「意味のあるもの＝意味合い消費」である。

日用品に関しては10円でも安いものを求めて隣町のスーパーまで行くような人が、この「意味合い消費」については１００円、２００円の価格差をも気にせずに購入する。よほどの値上げでない限り、高くなったからといって買わなくなることもない。

そのような消費を生み出すことができれば、どのような時代になっても安心だろう。

昨今、「資産選好」という言葉がよく言われるようになっている。かみ砕いて言うと、「お金を貯める」「お金を増やす」ということが目的化している状態であり、そのため、せっかくのお金が市場に出回らない。

それはなぜかと言えば、「買いたいものが存在していない」ことがその理由だとされている。

お金というものはそもそも、何かとの交換価値があるからこそ価値を持つものだ。つまり、交換ツールにすぎない。にもかかわらず、それを貯めて使わないというのは、今、買いたいものがないからだというわけだ。

現在、日本人の個人資産は現金預金だけでも１０００兆円を超えるといわれるが、それが流通しないからこそ日本の景気が良くならない。そう分析されている。

この説、私は半分は真実を突いており、半分は真実が隠れていると思っている。今の日本において、「自分にとって意味あるものを消費したい」という積極的な消費志向は非常に強いというのが、私の見立てだ。

もちろん、意味のないものにはお金を使いたくないが、意味あるものにはお金を使うことを惜しまないし、むしろ積極的に使いたい。それが昨今の――というより、古今東西の――消費者心理だ。

## ◎「推し」のためにはお金を惜しまない

先ほどちらっと触れたが、昨今話題の「推し活」などはその典型だろう。

もっとも今でこそ「推し活」と呼ばれ脚光を浴びているが、このような消費は昔からある。

かくいう私も、昔からの『スター・ウォーズ』マニアでヨーダが推し。ヨーダのライトセーバーやスタチュー、ドゥルー・ストゥルーザン（スター・ウォーズの映画ポスターの画家）が描いたヨーダの絵などいろいろとコレクションしており、以前アメリカに行ったときに等身大の精巧なヨーダ人形を見付けもちろん購入、空輸したこともある。周りから見れば理解できないというくらいに、お金も時間も使っている。

もう一つ例を挙げれば、『刀剣乱舞』というゲームがある。詳しい説明は省くが、同ゲームでは「へし切長谷部」「三日月宗近」などの刀剣が擬人化されており、それぞれのキャラクターを推す人たちが全国に数多くいる。このゲームが発端となり、全国に刀剣ブームが巻き起こり、今日も続いている。

それにより、それまでは訪れる人もまばらだった各地の宝物館や歴史資料館に連日大勢の人が訪れるようになったり（主に、自分が推している刀剣の実物を見に行く）、刀復元のクラウドファンディングに全国から4500万円もの資金が集まったり（もちろん推しだからお金を出す）という現象が起こるようになった。奈良の薬師寺である刀が十数年ぶりに公開されたときには、全国から2日間で6600人もの人が押し寄せたりもした。

2日間で数千人となると、お目当ての刀剣を見るのに何時間も待たされたことだろう。このために交通費や宿泊費をかけてわざわざ来た人も多かったはずだ。

ここで「消費」されているものはまさに、「意味合い」以外の何物でもない。かくも「意味合い」は熱心に消費される。

これからインフレがさらに進むことで、消費意欲が落ち込んでいくだろうという予測をする人がいる。もちろん、ハイパーインフレのような事態になってしまっては別だが、そうでない限り、**デフレになろうがスタグフレーションが進もうが、人は「意味あるものにはお金を使う」**のである。

## ◎「意味」を失うと、人は生きていけない

以前、生活保護を受給している人がアニメグッズを買っていたことが批判されたことがあった。この件は、「意味」という点から、とても考えさせられることだ。

その人にとってアニメは生きていくにおいて非常に重要な意味を持つものであり、おそらくは生活保護の収入をやりくりしてグッズを買ったのだろう。それを否定することは「生活保護の人は生きる意味を持ってはいけない」と言っているようなものとも言える。

つまり、お金のありなしにかかわらず、誰しもが自分の意味あるものにお金を使いたいと思うし、する権利がある。人は「意味を失うと死ぬ」のだ。

「意味合い消費」に対して疑問を持つ方がいたら、ぜひ読んでほしい本がある。「ロゴセ

ラピー」という心理学の創始者であるヴィクトール・フランクル博士が書いた、『夜と霧』という有名な本だ。ユダヤ人の博士が強制収容所に収容された際の話である。

博士は過酷な強制収容所の生活の中で、心理学者の視点から、「どのような人間が生き延びることができるのか」を冷静に観察した。その結果、より生き延びる確率が高い人は「生きる意味を持っている人」であることがわかったという。健康だとか身体が大きいとか、そういったものはまったく関係なく、ただ一つ「生きる意味があるかどうか」が運命を左右したということだ。

これほどまでに「意味」という言葉が深く突き刺さる本はない。私も本書を読んで以来、「意味」ということが大きなテーマとなった。

## ◎バイト代を貯めて8580円のコースを

独立研究者・著作家の山口周氏がある講義にて、このようなことを言っていた。

ある日突然、テレポーテーション装置が発明され、いつでもどこにでも自由に移動できる時代が来たらどうなるだろうか。すると、トヨタや日産の車は売れなくなるだろう。B

MWやベンツは微妙。ただ、ランボルギーニやフェラーリは売れ続けるだろう。

山口氏は「役に立つ」と「意味がある」の二つの軸でこれを説明されていた。つまり、「役に立つ」が「意味がある」わけではない車は「移動のための道具」なので、より便利な道具に取って替わられ、売れなくなる。そして、「乗ること自体に意味がある」「持っていることに意味がある」ものだけが売れ続ける、ということだ。

これもまさに意味合い消費だろう。我々が目指すのは当然、ランボルギーニやフェラーリだ。

しかし、ここで誤解なきよう付け加えておきたいのが、「富裕層向けの商売をやれ」と言っているわけではないということだ。

前述したように、人はお金を潤沢に持ってはいなくても、意味合い消費を求めるからだ。

ここでも一つ、興味深い事例を紹介したい。都内にてレストランを経営している「ティナズダイニング」の事例だ。

この会社が運営しているジビエ料理店に、「アイヌジビエコース」というコース料理がある。人気漫画『ゴールデンカムイ』に出てくる「チタタプ」(正確には「チタタプ」)という料理を再現したもので、お客さんがその場で「チタタプ、チタタプ」と唱えながら、肉を叩いて作り食すというユニークなものだ。お値段は8580円とかなりの高額だが、大人気となっている。

そして、このコースを利用する人は決して富裕層ではない。先日も「アルバイト代を貯めて来ました」という若いカップルが来店し、楽しそうに食事をしていったという。

私はこれこそが、「意味合い消費」の典型的な、そしておよその商売の現場で起こり得る例ではないかと思っている。このカップルはおそらく、生活必需品への出費を切り詰め、このレストランでの食事にお金を「配分」したのだ。

「高額な商品は富裕層にしか売れない」と考えるのは間違っている。その人にとって「意味」さえあれば、価格が高くても買うのである。

## ◎食品スーパーが、食品スーパー以上の意味を持つとき

「意味合い消費」とお客さんの「配分」の本質を物語る、興味深い事例がある。食品スー

パーの事例だ。

近年視察が増えて店主がお困りゆえ、ここでは匿名にさせてもらうが、この店は、過疎が進む地方の町にある。面積は45坪。かつては全国にあったミニスーパーと呼ばれる業態で、全国チェーンに加入するチェーン店の1店でもある。

同店は、今から13年前、廃業寸前となって私の会に入会した。商圏人口は、今やたった800人。店の前を通る人や車の影もなく、もうこの場所でスーパーを営むことには無理があると考えての決断だった。

しかしその3年後、同店は同じ食品スーパーのまま過去最高の売上・利益にV字回復し、その後も順調。ネット販売、移動販売、配達サービスなどの一切を行わず、店舗販売のみで過去最高を更新し続けている。

その理由は、「たのしい」を軸にした店作りへの転換と、絶え間ない改善にある。店主の意志ある売り場作りや工夫されたPOP（店頭販促物）、そして来店客との親しげな会話などにより、顧客から「明日行くと決めた瞬間からワクワクする！」とまで評価されている。

そんな同店なのだが、最近、店主・鈴木氏から聞いて、驚いたことがある。

一昨年の11月、この店から車で5分ほどのすぐ近くに、彼の店のおよそ10倍の規模の大型食品スーパーがオープンした。

オープン日には大々的なオープンセールが実施され。他の近隣スーパーも、これに対抗して大特価セールを連発。一方彼は、それらを横目に、チラシもイベントも一切行わず、粛々といつも通りの営業をしていた。

そうして、一番影響があると思われたオープン月が終わり、前年の数字と比較してみた。オープン前、さすがにいったんは客数・売上ともに減るだろうと予測していた彼だったが、結果は、客数は前年比１０５％、売上は前年比１２２％となり、落ちるどころか、両方とも伸びていた。そして先述したように、現在も過去最高を更新し続けているのである。

これはどういうことだろうか。小さなスーパーの近くに大きなスーパーがオープンすれば、影響を受けるのが普通ではないだろうか。

たしかに、「スーパー」という点では両者は同じだ。

しかし実は、「意味合い」という点では「別のもの」なのである。

それは、同店を訪れるお客さんの何気ない一言からうかがえる。

けっこう以前から、店内で買い物をされているお客さんの会話からよく聞こえてくるようになったと鈴木氏が言う、お客さんの声がある。それは次のようなものだ。

「ここの帰りに、スーパーに寄って帰ろうね」

この店は、「食品スーパー」ではないのだろうか?

もちろん鈴木氏も「45坪と小さいとはいえ、生鮮3品、惣菜、日配品、調味料、酒、雑貨など一通り揃えているスーパーのつもり」と言うように、どこからどう見ても「食品スーパー」だ。「品揃えも、どこのスーパーでも購入可能な、一般的な商品のアイテム数が全体の約65%はある」と彼は笑う。

しかしお客さんにとっては、同じ「食品スーパー」ではない。先ほどの例で、トヨタや日産の車とランボルギーニやフェラーリが、同じ「車」であっても異なるように。

だからこそ、すぐ近くに大型スーパーがオープンしようが一切影響を受けない。

この店は、「意味合い消費」で選ばれ、その「配分」を受けているのである。

## ◎そして行われる「無意識の選別」

私は1年前の著書『「顧客消滅」時代のマーケティング』において、コロナ禍の中で行われた「無意識の選別」について書いた。

2020年、緊急事態宣言が発令され、自由に外を出歩くことさえできなくなってしまった。街から人が消え、多くの企業や店から「顧客」が一瞬にして消滅してしまった。

その後、徐々に規制が緩和され、街ゆく人の数も増えてきた。しかし、それによって一気に客足が戻った店もあれば、そのまままなかなか回復しない店もあった。その差はどこにあったのか。

その理由は「無意識の選別」だ。あなたにも、コロナ前はよく行っていたけれど、いつの間にか行かなくなってしまった店があるのではないだろうか。積極的に「行きたくない」と思ったわけではないが、行かないという選択を行った。それはあなたにとって「意味のある店」ではなかったからだ。これが「無意識の選別」である。

一方、コロナ禍でも「自分にとって意味のある店」のことは、決して忘れることがなかった。だからこそ、緊急事態宣言が明けてすぐに、こうした店には顧客が殺到した。

これと同様の選別が、価格上昇時代にはよりシビアに行われることになる。

生活必需品は徐々に値上がりしていく。一方、自分にとって意味のあるものについては、今まで通りお金を使いたい。当然、買うべきもの一つひとつを吟味し、必要ないものは買わないという選択をすることになる。

## ◎「何にお金を使うか」が厳しく問われる時代に

実は、これはピンチでもあり、チャンスでもある。

今までなんとなく100円で買っていたものが120円になった。そこで、もっと安い別の商品がないかと類似品を探しているうちに、価格は150円だけれどもそれまで知らなかったものが見つかった。

それに**「意味」を見出すことができれば、むしろ今までよりも高いものを買うというスイッチは必ず入る。**

さらに言えば、コロナ禍によって人々はある日突然、当たり前の日常が壊されるということを知ってしまった。さらにはロシアのウクライナ侵攻で、縁遠いものだと思っていた戦争が、いまだに身近なところで起こりうることを知ってしまった。

誰もが、自分の人生はこのままでいいのかと、いやおうなしに考えさせられている。コロナ禍でテレワークが推奨され、可処分時間が増えたことも、その傾向に拍車をかけている。

こういう状況の中、誰もが「限りある自分たちの時間やお金を何に使うか」ということを、より深く考えることになる。だからこそ、より「意味のある」ものが選ばれる。

つまり、付加価値の高いものを扱ってきた会社にとっては、この「価格上昇時代」は追い風になるということだ。

## ◎あなたの商品に「意味」はあるか？

だからこそ、ここで改めて考えてみてもらいたいことがある。

あなたの商品を買ってもらう「意味」とはなんだろうか。

単に「安いから」「よく見かけるから」「近いから」ではなく、もっと積極的な理由で買ってもらっているだろうか。

もし自分のビジネスを見直してみて、「安さ」以外の価値が見当たらなかったとしたら……。厳しいことを言うようだが、それは、このままでは価格上昇時代に生き残ってはいけないということだ。早急にそれ以外の価値を作ることを目指してほしい。

そして、実は真っ先に消えていくのが「安くもないが、たいして意味もないもの」だ。特別に安いわけでもなければ、そこまで付加価値が高いわけでもない。そういう商品は消えるというより、思い出してすらもらえなくなる。

そしてもし、自分の扱う商品にちゃんと「意味」があると判断したならば、その「意味」を、お客さんにとっての「価値」を、ちゃんと伝えることができているだろうか。

私に言わせれば、多くの日本の企業や店舗が、せっかくいいものを作り売っているのに、その価値を伝えることを怠っている。より正確に言えば、「伝えていない」ことに気づいていない。

そしてその結果、値下げ競争に巻き込まれてしまっていることも多い。これは非常にもったいないことである。

一方、**価値をしっかり伝えれば、価格維持どころか、価格を上げても売上が落ちることはない。**その事例はこれから、たっぷりとご紹介していくことにしたい。

自分の商品に価値があると考えるのなら、値上げを躊躇すべきではないのである。

# 第3章

# 「価格」は「価値」に従う

## 3・1

# 出発点は「価値」

### ◎ノーベル賞受賞学者が「値上げは許容される」と説く理由

今回の価格上昇局面において値上げを余儀なくされた会社や店から、「その理由を説明すべきかどうか」という相談をしばしば受ける。

結論から言えば、「説明すべき」ということになる。

ここで、ノーベル賞受賞教授による次の研究を紹介したい。

行動ファイナンス理論およびプロスペクト理論で知られるノーベル経済学賞受賞者のダニエル・カーネマン教授が行った、価格に関するある興味深い研究だ。

輸送に困難が生じたことである地域のレタスが品薄になり、レタスの卸値が上昇した。

そのため、レタスを1個当たり30セント高い卸値で仕入れることになり、売り値を30セント高くした。すると、８割の人がそれを受け入れてくれた。

つまり、理由があり、その理由が妥当であるならば、お客さんは値上げを受け入れるということだ。

一方で、工場での生産コストが下がったことに対して、価格をその半分だけ下げたところ、やはり約８割の人がそれを受け入れた。生産コストが減った分価格を下げなくても納得してくれる人が多かった、ということだ。

さらに、コストが下がったのに、価格をまったく下げないという選択をした場合でも、約半数の人はそれを受け入れたという。これを「二重権利の原理」と呼ぶ。

この研究知見から得られることはいくつかあるが、一つ確実に言えることは、**「理由が明確なら人は値上げを受け入れる」**ということである。これは20年も前の研究ではあるが、消費者心理は大きくは変わっていないだろう。

ただ、私はそこで「原価高騰のためやむを得ず……」といった言い訳をするのではなく、一歩進んで「この商品を買う意味を伝える」ことに力点を置いたほうがいいと考える。

## ◎顧客の前に立ちはだかる「二つのハードル」

ここでご紹介したいのが、「二つのハードル理論」だ。

お客さんがものを買うまでには、二つのハードルを越える必要がある。最初のハードルは「買いたいか、買いたくないか」、そして、その先のハードルが「買えるか、買えないか」だ。そして、高いのは一つ目の「買いたいか、買いたくないか」のハードルであり、それに比べれば「買えるか、買えないか」のハードルはごく低いものだ。

ということは、我々はまず、お客さんに最初のハードルを越えてもらわなくてはならない。そして、そのためには価値を、つまり「あなたがこの商品を買う意味」を伝えなくてはならない。それさえ伝えれば、価格のハードルは意外と低い。

つまり、**「価格を語る前に価値を語れ」**ということであり、それは値上げ局面においても同じこと。価値を伝えたうえで、「この価値だからこの価格です」「この価値を維持するにはこの価格になります」と説くのである。

「価格」はどこに作用するか

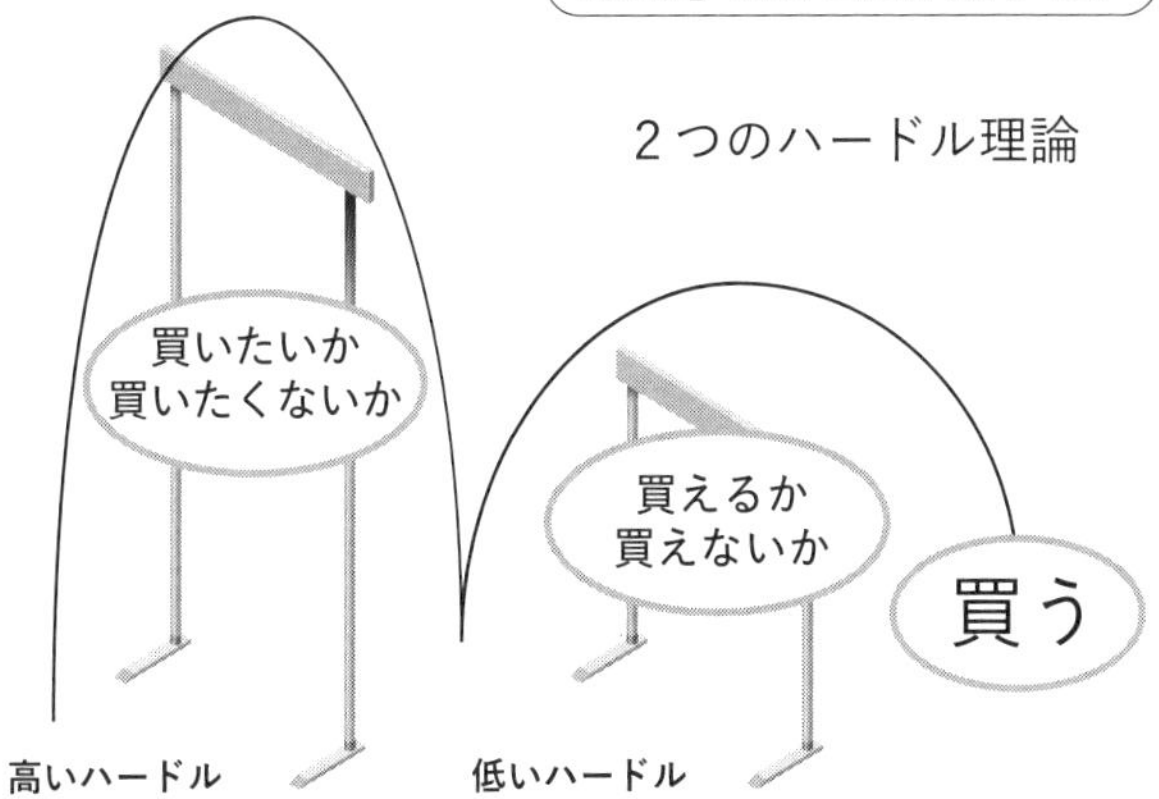


## ◎その値札で「価値」は伝わる？

一つ実例を紹介しよう。東京都板橋区主催「ワクワク系の店づくり実践講座」に参加した惣菜店「おかずや」の例だ。

同店では例年11月から、ひときわ手間をかけて作っている自慢のビーフシチューを売っていた。価格は800円だ。周囲の惣菜店やチェーン店ではビーフシチューをもっとずっと安い価格で売っていたから、価格差はかなりある。そして自慢の品ながら、なかなか売れなかったという。

だが、それは当然の話であった。当初は、「ビーフシチュー　800円」としか書かれていなかったのだから。安い高い以前に、「買いたい」というハードルを越えられていなかったのだ。

そこで、その価値を伝えることにした。

「大きなお肉をじっくり煮込み余分な脂をとりのぞき、三日がかりで作りました、当店のおすすめです」とＰＯＰを書き換えた。

たったこれだけのことだが、これにより、多くの人の「買いたいのハードル」を越えた。そのハードルさえ越えれば、価格の高さはそれほどのハードルにはならない。結果、売上は一気に例年の２倍となった。

### ◎「思ったよりも売れない」が「思った以上に売れる」に

こういう例もある。

ある食品スーパーの鮮魚売り場に「まぐろのカマ照り焼き」という商品があった。このチェーンでは各店で扱っているが、関係者の間では、「おいしいのに思ったように売れない商品」とされていた。

そこで販促担当者が、その理由についてある店で尋ねてみると、「手間がかかっておいしいんだけど、価格がね……」という返答。単価は４００円。他の商品と比較して高価だから売れないとの見解だ。

では、その「手間がかかっている」点はどの点なのかと聞いたところ、「焼き上がるのに、業務用のオーブンで25分かかるんだよ」と言う。

しかし商品のパックには、価格など最低限の表記しかない。

そこで販促担当者は、「焼き上がりまで25分!?」というキャッチに、「焼き上がりまでなんと25分かかります。じっくり焼き上げたこそのおいしさです」と記したＰＯＰを作り、掲示してみた。

すると、そのＰＯＰを立ち止まって眺める人が現れ、商品は面白いように棚からなくなり始め、あっと言う間に売り切れてしまった。

さらには、商品がなくなってもＰＯＰを掲示しておいたところ、「このカマはないの？」と尋ねる人が現れ、「じっくり焼き上げるので25分かかります」と答えると、「あとで来るわ」というお客さんが続出。こうしてこの「思ったように売れない商品」は人気商品となった。

## ◎うちのお客さんは価格にシビア、は本当か？

同様の例はもちろん食品だけに限らない。別の例も見てみよう。

トヨタカローラ博多・空港榎田店は、同社の店舗の中でも最大級のもの。そこに新たに店長として着任した池田晋吾氏は、自動車整備に入庫する車1台当たりの単価をもう少し上げられないかと考えていた。

そこで目を付けたのが「ガソリン添加剤」だ。ガソリンタンクに注入することでエンジン内部の汚れなどを洗浄し、エンジン性能の低下防止、排ガスのクリーン化などが図れるものだ。価格は2860円と衝動買いが可能な価格でもあり、入庫当日に追加整備として受け付けたとしても、整備時間が延長されることもなく、整備士の負担増にもならない。

これはよいと社内に提案してみると、返ってきたのは「うちの店のお客様は値段にシビアだから、『高くなるならいらない』と言って断られますよ」という反応だった。確かに、池田店長が前にいた店舗では直近の5月だけで27個も売れていたが、同店では3個だけ。

とはいえ、まずはやってみようとなり、スタッフとともに改めて商品について勉強、お客さんにお勧めする際のトークも整備し、ロールプレイングで徹底。さらに、来店するお客さんに関心を持ってもらうため、店頭に「お車の栄養ドリンク本日あります」と書いた看板を用意し、６月の増販チャレンジへと進んだ。

まず6月1日から13日までの実働11日間は、今までと同じ売り方をした。結果は、11日間で1個の販売。

そして16日からは例の看板を設置し、準備していた販売方法を始めると、いきなり初日に6個売れた。翌日からはエンジン内部の写真付きで汚れと効果をわかりやすく説明できるツールを用意して臨んだところ、さらに販売数は伸び、５日間で合計58個、１日当たり11・６個の販売実績となった。それまでは11日間で1個の販売だったものが1日11個だから、実に１２０倍以上の売上である。

池田氏は言う。「何か商品を増販しようとすると、ついキャンペーン価格で割引しようとするきらいがありますが、今回は割引しなくても増販できることが証明できました」。

売れなかった原因は、「価格にシビアなお客さん」にあったわけではなかったのだ。

## ◎値引きをやめて価値を伝えたら、売上が7倍に

もう少し単価の高い商品の例も見てみよう。その商品とは、補聴器だ。

福岡県柳川市のメガネ・補聴器の店「メガネは野口屋」の緒方幸子氏は、補聴器の販売促進のため、補聴器相談会を開催し、そこから販売につなげようと考えた。

まずは補聴器メーカーにほぼ言われるがまま、「信頼の日本品質」「電池交換が簡単」など商品がメインの、10％値引きを打ち出したチラシを約2万枚配布した。しかし結果は惨敗。相談会は1カ月間開催したが、購入者は1名という結果だった。

その後、自作のチラシで再びチャレンジ。今度のチラシは、「補聴器を使うことの価値」を伝えることを意識し、今回相談会に来てほしい客層にわかるように「聴こえてないのに愛想笑いをしたり、会合で二度聞きする回数が増えたり、そんなときは補聴器が有効」など具体的に訴求。商品についてはさらっと「様々な補聴器を取り揃えております」だけで、ほぼ訴求なし。値引きは取りやめた。

さらに、「野口屋に補聴器の相談をする価値」も伝えるべく、認定補聴器技能者がいる

こと、創業が明治16年と古く、当地で長く商売を続けていること、現社長の祖父が補聴器の取り扱いを始めて以来の思いなどを訴求。「補聴器を使用したら余計に聞こえが悪くならない？」など、よくあるお客さんからの質問も列挙し、メインスタッフの顔写真入りでその答えを書いた。

結果は、ほぼ同じ枚数のチラシを打ち、同じ1カ月間の開催で購入者13名。期間中の売上は前回の7・5倍となった。

単価にかかわらず、大切なことは「価値が伝わるかどうか」。そして価値さえ伝われば、値引きは必要ないのである。

## ◎リサイクルショップで「高めの商品」が売れるようになった理由

もう一つ、少し異なる角度からの事例を挙げたい。千葉県でリサイクルショップチェーンを展開している、ケーヨーテクノの店舗「愛品館・愛品倶楽部」でのものだ。

同社では社長・山岸勇祐氏を筆頭に、各店が「価値を伝える」ことに注力しているが、まずは同社・柏店での事例だ。

同店ではかつて、商品に品名と価格、そして「○○に汚れ、○○に傷があります」などの注釈を入れていた。この店に限らず、リサイクルショップでは基本、このような展示をしていることがほとんどだ。

それを店長・山田新志氏は、あるとき、打ち出し方を変えた。この店では買い取った品のメンテナンスにも力を入れているため、それをむしろ強調することにしたのだ。

たとえば、「染み抜きマスターの渾身のメンテナンス」などのコピーをより目立つように配置したところ、明らかに高額なものが売れるようになった。今では店頭にメンテナンスの際の動画を流すなどして、さらに顧客に訴求している。

同社・江戸川店でも同様の取り組みがある。

店長・大藤正義氏は、たとえば洗濯機の分解洗浄までしている店は多くないと考え、そのことを画像も交え店頭でしっかり訴求した。

すると、それらの洗濯機はたちまち完売。通常の売価より、1000円〜2000円高めに設定していたにもかかわらずだ。お客さんからも「ここまでやっているのなら安心だわ」などの声をいただいているという。

## ◎「ビニール袋１枚」で新品並みに

さらに、こんな例もある。愛品館・八千代店での事例だ。

ある日、同店に冷蔵庫の買い取り持ち込みがあった。状態も良く、対応した店長・鶴丸倫久氏も「きれいだな」と感じたが、特にそう感じたのは、卵トレイや製氷皿などの付属品が、ビニール袋に入ったままの状態だったことだ。結果、状態良好と判断し、高額で買い取りした。

そのとき、彼はふと気づいた。「うちの冷蔵庫（販売品）、付属品むき出しじゃない？」。

それからあわてて付属品をビニール袋に詰め直して販売し始めると、今までよりも一層「おたくの商品きれいだね」との声をいただけるようになり、冷蔵庫の販売台数は前月と比較して３割近く上がった。

だが、より顕著だったのは売上だ。いきなり前月比で2倍以上になったのである。

台数以上に売上が伸びたのは、単価が上がったからだ。それはすなわち、「より高く売れた」ということであり、お客さんがその価格で妥当だと評価した結果だ。

この取り組みの前とあとの写真を比べてみると、確かに同じ冷蔵庫なのに改善後のほうが新品に近く感じる。お客さんがそう「感じる」ことで、実際に売価を上げることができたのだが、これは「価格」というものの本質を物語っている。

### ◎「価格」は主役ではない

世の中では「価格」を絶対的なものと考える風潮があるし、売れないと「価格のせいだ」となることも多い。また、売価は原価から考え設定することが通例だ。

しかし、それは本質的ではない。これまで見てきた例のように、「価格」とは、買う側が「どう価値を感じるか」に連動するあやふやなものなのである。

大事なことを言おう。

**ビジネスにおいて、「価格」は主役ではない。**
**主役は「価値」だ。**

お客さんは「価値」を感じれば、「価格」は二の次になる。二つのハードル理論で説明すれば、「買いたい」のハードルを越えたあと、お客さんが確認するのは「買えるか・買えないか」だけだ。

そこに深く関与してくるものは例の「配分」だ。今買おうとしている商品・サービスが、自分にとってどれほど意味あるものなのか、という点だ。

それを感じれば感じるほど、お客さんにとって「買えない」のハードルは下がる。配分が多くなるからだ。

もちろん、ランボルギーニやフェラーリなど、どうハードルが下がってもおいそれと買えないものはある。そうなれば結論は「買えない」となるが、それは「買いたくない」とは天と地ほどの開きがある。もしそういう人が、「買えない」と諦めた翌月、たとえば宝くじで4億円当たって「買える」ようになったとしよう。その人はどうするだろうか？

繰り返すが、ここで決定的なことは「価値」。自分にとってどれほど意味あるものなのかだ。

そして、人にとって意味あるものの価格は、たとえ億を超える値段がついていても、それで妥当。

「価格」は「価値」に従うのである。

## ◎趣味のバンドという価値で「価格」が変わる?

もうずいぶん前、日本経済新聞社が発行する『日経MJ』紙で「招客招福の法則」というコラムを書いていた頃、地方のある電器店の取り組みを紹介した。その電器店主は趣味がドラムなのだが、仲間内で結成したビッグバンドの地元での演奏がきっかけで、新しいお客さんが増えたという話だ。

その店の名は「高村電器店」。店主・高村喜威氏らがバンドを結成したのは2005年のこと。バンド名は「高村電器楽団」。店主は当バンドの団長だ。

店の屋号も「高村電器」ゆえ、彼が宣伝のために結成したバンドのように見えるが、そうではなく、たまたまこうなったものだ。趣味だったとはいえ彼もドラムには10年以上のブランクがあり、当初は決して「上手い」とは言えない演奏ぶりだった。

私が彼から楽団の話を初めて聞いたのは2007年。そのときすでに地元で3回の演奏を行っていたが、それを聴いた方が「あのバンドを率いている彼なら大丈夫だ」などと謎な(?)理由で来店、利用するようになっていた。

近くにいわゆる家電量販店はある。そして高村電器店の価格は、そこより決して安くはない。しかし、ライブを重ねるたびにこうした顧客が増え、積極的に利用するようになった。

こんなこともあった。60代とおぼしきお客さんが、デスクトップパソコンが欲しいと来店した。ただ、このお客さんはつい昨年、冷蔵庫を購入する際に他の量販店と比較した結果、安さゆえにそちらへ流れて行ったお客さんだった。そこで、なぜ今回は当店に来てくれたのか詳しく話を聞くと、話題は高村電器楽団のことに。３週間ほど前に地元のイベントで行った演奏を見ていたとのこと。そして彼は言った。

「よそに行ったほうが安いからといって、よその店で買い物していると、こんな文化が育たないよね。やっぱり地元の店で買い物しないとね」

連載で取り上げてから約15年が経ち、最近、店主に現状をお聞きする機会があった。すると、この話は大きく育っていた。

当時バンドがきっかけで来店したお客さんらとは、その後も良い関係が続き、さまざまな家電品などをご購入いただいている。

バンドそのものも、地元や近隣の町のイベントから頻繁にお声がかかるようになり、それがまた地元のケーブルテレビなどで流されたりすることで、今では近隣の町にまですっかり知られるようになった。そして商売のほう、電器店はというと、どの町にも昔からある電器店でありながら——今このような業種は一般的に厳しい経営状況だが——堅調な業績を保っている。

話は少しさかのぼるが、2018年には開店70周年のイベントを行った。普通電器店やお店の周年記念といえば、記念セールを行い、期間中にいかに売上が上がるかを考えるものだが、彼は違った。

お客さんへの感謝を示す場として、店からすべての商品を撤去し、記念コンサートを行ったのだ。もちろん主役は高村電器楽団。実に大勢のお客さんが訪れ、メッセージが寄せられ、店はお祝いの花で埋まった。

そしてこの前後の期間、一切の売り気を出さなかったにもかかわらず、売上は前年比165%になった。

世の中には現実に、こういう「価値」もある。

そしてやはり、「価格」は「価値」に従うのである。

# 3・2
# 本気で価値を語れば、「価格」は消滅する

## ◎汎用品にももちろん「価値」はある

これまで、値上げを受け入れてもらうためには、その価値を語ることが大事だという話をしてきた。

しかし、この話をするとよく、大手企業の人からこう言われることがある。

「手作りの職人技術のようなものを持っている会社はいいのですが、うちのような汎用品を作っているところでは、価値を語ろうにも語ることがないんです」

だが、本当にそうだろうか。

私は今、大企業である明治グループの方々とお付き合いさせてもらっているが、そのご縁で、商品開発に携わる方々からいろいろなお話を聞く機会がしばしばある。

たとえば「ガルボ」というチョコレートは、表面が融けにくくベタベタしない。そのため、仕事中や勉強中に口に運ぶのに適している。それを実現するためにどのような技術が必要なのか、その背景にはどんな苦労があったのか。あるいは「おいしい牛乳」なら、その「おいしい」を保つためにどんな工夫をしているのか。どれも目から鱗が落ちる話ばかりだった。

そう、**大企業だから、汎用品を作っているから、こだわりがないなんてことはまったくないのだ**。むしろ多くの人が関わっている企業ほど、実は語られない価値が眠っている可能性もある。

こうして「お客さんにとっての価値につながること」を伝えれば伝えるほど価値は上がる。たとえばそれは「目に見えないところへのこだわり」だったり、「商品誕生の秘密」だったり、商品にまつわる「歴史」であったりだ。

あとはそれをどう引き出し、どう伝えるかだけの話だ。

明治のような大企業になれば、自社商品が並ぶ売り場も相当な数になろう。

しかし、やはり伝えるのである。

なぜなら、自社から見れば無数に近い売り場でも、その売り場でその商品に出会う一人ひとりのお客さんにとっては、一つひとつの出会いだからである。

## ◎顧客の懐の心配をするのは、むしろ失礼な話

大前提として認識しておいてほしいのは、**「価値は伝わっているようで伝わっていない」**ということだ。だから買う側としては「なぜ、自分はそれを買わなくてはならないのか」がわからない。

そして、「自分はこれをなぜ買うべきなのですか？」などと、お客さんのほうから聞いてくることはまずない。こちらから積極的に価値を伝えていかねばならないのだ。

その際に邪魔になるのが、「お客さんには予算がある」「高いものを勧めるのは失礼ではないか」という躊躇《ちゅうちょ》だ。

しかし、**お客さんの懐を心配するのは失礼だと考えたほうがいい。**自分にとって価値があると思えば、そのためにお金を使ってくれるのが現在の消費者だ。ただ、価値を伝えることに全力になればいいのだ。

## ◎「墓じまい」が「建墓」に!?

作り手・売り手が価値を伝えることに全力になると、どんなことが起こるのか。その大きな力を物語る実例がある。「墓じまい」の相談があったお客さんが、結果として、３００万円を超える予算で新しいお墓を建てることになったというものだ。

それは、福井県越前市の石材業「宝木石材」に、１通の「墓じまい」問い合わせメールが来たことから始まった。

そのメールの主によれば、同県に一人でお住まいだったお母さまが亡くなり、地元には誰もいなくなった。自分は遠方に住む親族だが、今後はお墓参りも一苦労。この機会に墓じまいし、お寺とも離檀したいとのことだった。

そこで同社社長・宝木幹夫氏は、まずはお寺名とお墓の場所を聞き現場を確認したうえで、その方が実家の整理に来る際に来店してもらい、話し合いの機会を持つことにした。

「墓じまい」とは、お墓を解体して更地に戻すことで、最近、増えている。その後の供養まで含め、サービスとして提供している業者も多い。

にもかかわらず、なぜ墓じまいの作業だけをさっさと受けないのか。それは、同社のポリシーによる。同社では依頼人本人たちからしっかりヒアリングし、プロとして状況を判断、お墓を残す可能性も含めさまざまな方法を検討し、お客さんが納得のいく結論を出すようにしているのだ。

実際の話し合いの際、宝木氏は、自分たちのお墓への思いや、墓じまいに関わった経験から思う問題点を伝えた。問題点とはたとえば、「こちらの親戚・友人との縁が薄れてしまうこと」「お子様、お孫様たちの田舎（両親・祖父母の故郷）がなくなってしまうこと」などだ。それらの話を通じて、お墓を残す意義や必要性を説いた。

また、残す方法もいくつか提案した。たとえば「お墓参りに来られないときは、こちらの親戚や知り合いにお願いできないか」など。

あわせて、１年、２年かかってもいいのでゆっくりと時間をかけて納得いくまで話し合うことの必要性・大切さを力説した。

## ◎「価値」が伝わり「価格」が消滅した瞬間

するとこの話は、ここから、彼が思ってもみなかった展開を見せる。

依頼人とメールや電話でやり取りし続けるうち、娘さんや娘婿さんも話に加わってきたのだが、娘さんらは墓じまいの相談を受けていなかったことが発覚したのだ。

娘さんは、両親の故郷のお墓や親戚との関係は残したいと思っていることがわかった。またお寺も、檀家として残ってもらえるなら、どうしても来られないときは掃除などのフォローを約束。同社もお墓参り代行や、Ｚｏｏｍなどを利用しての「オンラインお墓参り」などの有料サポートを提案。さらに地元の親戚にもお墓を守る協力をしてもらえることになった。

と、ここまで話が進むと、「墓じまいしなければならない理由」がなくなった。

すると今度は、せっかく残すのなら、「納骨前にリフォームしようか？」という方向で話が弾み、進んでいき、ついには新しいお墓を建てることとなったのだった。

手放そうと思っていたものを、３００万円かけて新しく買い直すという大転換。これはもう、「高い・安い」の問題ではない。

そもそも手放そうと思っていたものである以上、その人にとっては保持する「価値」のないものだった。あえて価格で表せば「0」だ。それが「300万円」になる。ここにあって「価格」は完全に消滅しているのである。

この結果を生んだカギはなんだろうか。

宝木氏はそれを、「必要性を説く」「できないことでなく、できることを、一緒に考えていく」などいくつか挙げていたが、そのどれもが必要なことだろう。

ただ、加えて私が重要だと感じるのは、彼が「新しいお墓を売ろう」としなかったことだ。彼はただ真摯に、そして全力で、お客さんにとってのお墓の「価値」を説いた。なぜなら彼は心からそう思っているからだ。そして、そのためにやれることをすべてやった。それこそがこの大転換の一番のカギである。

その後、めでたくこのお墓の序幕・開眼供養式が行われた。故郷の実家に、久しぶりにご夫婦と両方の娘さん夫婦、お孫さんたちも泊まられ、幸せな時間を過ごされた。その実家も残すことにし、お墓参りの際に旅行気分で泊まる家族の別荘として使うことになったとのことだ。

## ◎時間をかけて、商品を育てる

価値を伝えることは大事だ。しかし、**「価値はそう短時間では伝わらない」**ということも事実だ。今お伝えした宝木石材の事例もそうだが、最初の商談だけでここまでの大転換が起きることはまれだ。もし宝木氏が焦っていたら、あの結果は生まれなかっただろう。

先に「バンド」の事例をご紹介した高村電器店にも、こんな話がある。

高村氏は普段からニューズレターやＳＮＳなどを活用して顧客との強い絆を育んでいるが、それらを通じて最近訴求している商品がある。それは「ポータブル電源」だ。

彼は最近、アウトドアのソロキャンプにはまり、そんな自分が魅力を感じた商品をぜひ顧客にお勧めしたいと考えた。中でもキャンプでも使えるポータブル電源をお勧めしたい。価格は４万円と７万５０００円。決して安くはない。だが、もちろん値引きもしない。

ニューズレターやＳＮＳなどで何度か商品の魅力を伝えたが、当初はあまり反応がなかった。しかし、それでも手を変え品を変え、情報を発信し続けた。

すると、10カ月目になってやっと、1台売れた。そして、その後はどんどん売れ出したという。

このように時間をかけて商品の価値を伝えていき、結果として売上につなげていくことを、私や私の会員企業では「商品を育てる」という言い方をすることが多い。「ポータブル電源を育てる」「カレーパンを育てる」などだ。このポータブル電源の例で言えば、この10カ月はつまり「教育期間」だったのだ。

これと対極的な姿勢は、現在の販売現場でしばしば見られる。新商品を開発して市場に流し、たとえばＰＯＳのデータなどで最初の1週間やそこらの数字を見て、「こりゃ失敗だね」「思ったより売れない商品だね」と見切ってしまう。

価値を伝えるのには時間がかかることもある。だから、できれば「価値ある」と自分たちが思う商品・サービスにはじっくり取り組んでほしい。

それを許さない事情があることもあるだろう。しかしその商品は、あと1カ月育てれば、爆発的に、そして長期にわたり、売れていった商品かもしれないのである。

この章では「『価格』は『価値』に従う」という前提のもと、それをどう伝えるかについてお話をしてきた。

それに対して、多くの企業ではこれまで「価格」ばかりを訴求してきた。いや、そのような意識すら持たず、単に値札を付けて終わり、というビジネスをしてきたところもあるのではないだろうか。

その意識を変えて、まず「価値」を伝えることから考え始めてみることが重要だ。

極論すれば、価値を語れば値段すら書かなくても、モノは売れる。実際、そうした成功例を積み重ねている企業も数多くある。

「価値」あるものになりさえすれば、「価格」は消滅するのである。

# 第4章

# 「値付け」の作法

## ——顧客を見て価格を付ける

# 4・1

# 価格設定の「常識」を疑う

## ◎そのライトセーバーのお値段は？

またまた『スター・ウォーズ』の話で恐縮だが、私のオフィスには「ライトセーバー」が何本もある。ライトセーバーとは、『スター・ウォーズ』の主人公たちが用いる武器のことである。もちろんレプリカではあるが、非常に精巧にできている。価格はものによって異なるがおおむね十数万円だ。

しかし、『スター・ウォーズ』にまったく関心のない人にとっては、これは単なる鉄の棒だ。これを5万円に値引きしたところでほしくなるとは思えないし、タダであげると言っても、「邪魔だからいらない」と断る人もいるだろう。

しかし、私にとって十数万円は適正価格である。さらに、ここにスター・ウォーズ出演者のサインなどでも入っていたら、もっと高くても適正価格だ。

ちなみに私は、『スター・ウォーズ』のイラストの入った湯呑みも持っている。『スター・ウォーズ』のキャラクターが湯呑みを使うわけもないのだが、これもつい買ってしまった。価格は忘れてしまったが、数百円ではすまなかったように思う。

おそらく湯呑み自体は、百円ショップでも買えるだろう。しかし私にとってはやはり、適正価格なのである。


何が言いたいのかというと、「ことほど左様に価格とは曖昧なものだ」ということである。**ある人にとっては１００円でも高いものが、ある人にとっては１万円でも安い。**「価格とはふわふわしたものだ」と表現してもいいかもしれない。

私にとっての『スター・ウォーズ』グッズと同様のものが、誰にでもあるのではないだろうか。鉄道ファンなら限定品の鉄道グッズにはおカネに糸目を付けないだろうし、好きなアイドルのコンサートのチケットのためならいくら出してもいいと考える人もいるはずだ。

私は昔から蚤《のみ》の市《いち》のようなところをふらふらと歩くのが好きだが、そういう場にいると

「価格とはあやふやなものだ」ということがよくわかる。また昨今、メルカリやヤフオクなどオークションサイトがにぎわっているが、ちょっとしたきっかけで価格が乱高下したりする。こうしたサイトの存在に批判的な人もいるが、需要と供給で価格が決まるという意味では、「商売の本質」であることは確かだ。

「価格とは曖昧なものである」ことを認識する。ここが、本章でお話しする「値付け」のスタートとなる。

## ◎価値の公式

では、価格とは何か。「『価格』は『価値』に従う」のだから、価格を考えるときには「価格」そのものでなく、「価値」を考えるといい。

そこで手掛かりとなる次の数式を見ていただきたい。「価値の公式」である。

パフォーマンスとは性能などを指す語だが、ここではもう少し広く取って、「感性的なもの」までを含む。たとえば、私にとっての「ライトセーバー」は、性能的には何もないが、極めて高い価値を持つ。それもつまり、「パフォーマンスが高い」ということになる。

価値の公式

$$V = \frac{P}{C}$$

V ＝ Value（価値）
P = Performance
C = Cost（購入費用、手間、等）

一方、コストとは価格のことであるが、加えて購入するのにかかる手間なども含まれる。

そして、P割るC、つまりパフォーマンスをコストで割ったものが価値となる。

たとえば、同じ性能（パフォーマンス）のパソコンがあったとして、片方が10万円、片方が15万円だとしたら、10万円のパソコンのほうが価値は高くなる。

一方、価格が同じ10万円であったとしたら、当然、パフォーマンスが高いパソコンのほうが、顧客にとって価値があるということになる。

つまり、価値を高めたければ「コストを下げる」か「パフォーマンスを上げる」か、どちらかが必要だということになる。

ここで重要なことは、価値は「C（コスト）」だけでなく、「P（パフォーマンス）」によっても大きく左右されるということだ。しかも、現代における「P」には、「性能」のようなわかりやすいものだけでなく、「ライトセーバー」におけるような「感性的なもの」も含まれる。

このことは、価値を考える際、ぜひ頭に置いておいてほしい。

## ○原価から価格を決めるのは時代遅れ

さて、あなたはある品物の価格を決める際、どのような基準で決めているだろうか。

最も一般的な価格決定の方法はおそらく「原価や仕入れ値から決める」というものだろう。

メーカーなら、製造原価率を30％などと設定し、たとえば製品一つ当たりの原価が1000円なら、3300円くらいの価格を付ける。そして、その商品を仕入れた小売業なら、仕入れ価格に35％上乗せした価格で販売する、などである。

だが、「30％」「35％」という数字に、それほど明確な根拠がない場合も多い。過去からの経験則であったり、利益を出そうと調整しているうちにこの数字に落ち着いた、というケースが多いのではないだろうか。

私は20代の頃、婦人服を売る会社に勤めていたのだが、当時の価格設定はバイヤーの経験則だった。通常は仕入れ価格に35％くらい上乗せした値付けをするのだが、「この商品はもう少し安くしたほうが売れそうだ」と思ったら20％にしたり、逆にリスクを考えて40％にしておこう、などということで価格を決めていく。

最初に言いたいのは、このような**「原価から決める」という価格の決め方は現代にそぐわない**ということだ。

より正確には、原価から決めていく値付けは「大量消費時代」のやり方だったと言ったほうがいいかもしれない。

生産や流通を分担し、各工程でかかったコストを積み上げていく。いわば「原価積み上げ式」の価格設定は、極めて工業社会的な発想だ。さらにその背景には、各工程での積み上げを小さくして、最終売価をできるだけ低くする、という考えがあったかもしれない。それは確かに理にかなってはいるが、「作り手本位」「売り手本位」の発想である。

一般消費者向けの販売においては、世界で初めて「定価」を定めたのは越後屋（現在の三越）とも言われるが、それ以前、もっと価格はふわふわとしたものだったはずだ。「毎回買ってくれるからあの人にはこの値段で」とか、「今日はだいぶ儲けたからあとはこのくらいでいいや」とか、気分によって値段が変わったりすることもあっただろう。

そもそも作り手のほうも、毎日同じ価格で原料が仕入れられるわけでもなかっただろうから、そこも含めて価格はもっと流動的だったのだと思う。

今でもアラブのスーク（市場）などに行くと商品に値札が付いておらず、客と店主は延々と価格交渉をするそうだ。お茶を飲みながら30分でも1時間でも交渉する。時間の無駄だと思う人もいるかもしれないが、これもまた商売の原点ではあると思う。

## ◎価格を原価から解放する

さて、ここであなたに問いたいことがある。冒頭にて紹介した『スター・ウォーズ』グッズを作って売った会社は、果たして「原価」から算出して、価格を決定していただろうか。

もちろん、ルーカスフィルムにいくばくかのロイヤリティを支払うため、最低このくらいの価格を、という基準はあったかもしれない。しかし原価だけでいえば、ライトセーバーはどれくらいだろうか？　価格に対して極めて低いに違いない。湯呑みとなれば数百円か、もっと安いかもしれない。

しかし、それに対して「原価が安いのに、こんなに高いのはおかしい」と言ってくる人はいない。

それは、モノとしての「鉄の棒」や「湯呑み」を買っているわけではないからだ。意味合い消費としての「スター・ウォーズの世界観を身近に置く価値」を買っているからだ。

つまり、言いたいのは「値付けにおいて、原価から考える必要はない」ということだ。たとえ**原価がものすごく安くても、お客さんにとって十二分の価値があれば、常識外れな売価を付けて構わない**ということだ。

たとえ原価が１００円くらいだったとしても、「お客さんにとってそれだけの価値がある」と考えれば、１０００円くらいの値付けをしても構わない。それは誰にとって構わないのかと言えば「お客さんにとって構わない」のだ。

## ◎同業他社と比べない

そしてもう一つ、「ありがちな価格決定の間違い」がある。それは「同業他社と比べ、それと揃えようとすること」だ。

何かの価格を付けようとする際にまず、多くの人が同業他社の商品やサービスの価格をリサーチする。別にそのこと自体は構わない。

**問題は、他社の価格と並びか、少しだけ安い価格を付けようとすること**だ。この発想そのものが、「安くないと売れない」という旧来の常識に縛られている証拠だ。

ここでもう一度、先ほど紹介した「ティナズダイニング」のジビエ料理レストランにご登場いただこう。

同店では以前、猪《いのしし》の肉を使った「ぼたん鍋」を2800円で出していた。なぜ2800円かといえば、周囲の店をリサーチした結果、鍋料理の上限はだいたいこのくらいの価格だったからだ。

しかし、そのときには価格を抑えるために本当に使いたい素材も使うことができず、それでもなるべくいいものを出そうとした結果、高い原価率になってしまっていた。

その後、店主・林育夫氏は私の主宰する会で学び、商売に対する意識も変わってきていたあるとき、広島の生口島の猪の肉と出会った。これはみかんを食べて育った猪で、その肉もほんのりみかんの味がする。いわば「みかん猪」だ。

最初に話を聞いたのは卸業者からだった。生口島には広大なみかん畑が広がっており、そこに猪が侵入して畑を荒らす。みかんを食べてしまう。猪はみかんが大好物なのだそうだ。

その肉はとてもおいしく、猟師によれば「みかんの味がする」。ただ、肉の色が黄色っぽくなってしまうので見栄えは悪く、おいしさに比してあまり人気がないという。

その話を聞いた林氏はぜひ店で出したいと思い、仕入れることに。この機会に思い切って３５００円という値付けをしてみたが、大人気商品となった。その後、さらに３８００円にしてみたが、以前にも増して売れまくった。売上は1年で１３００食を超えたという。

そこで、今まで自分がいかに「安くなければいけない」というタガにはめられていたかに気づかされたという。

その後はさらに高単価の商品を連発し、客単価がどんどん上がっていった。今ではなんと、客単価はこういった取り組みを始める前の平均だった「5000円」を大きく超え、倍の「1万円」を突破しているという。

## ◎天動説から地動説へ

原価から考えない。同業他社とも揃えない。これが何を意味しているかと言えば、どちらも「顧客の価値から価格を考える」ということである。

こうした値付けは、ひょっとすると多くの人にとっては天と地がひっくりかえったような話かもしれない。天が動いていると思っていたら、地が動いていた。まさに天動説が地動説になったようなものだ。

これはいわば、**「マーケットを見ずに、人を見る」**ということでもある。

一方、同業他社と比べるというのはいわば、シェア争いの視点だ。

従来のマーケティングの教科書では、市場というものをマスで見て、どのような競争戦略を取ってシェアを伸ばしていくかが語られている。もちろん、その視点も重要だが、そもそもマーケットとは、一人ひとりの顧客の行動が生み出すものである。それを忘れてはいないだろうか。

そして、実際そういう人は少なくないようで、私が講演で「人を見る」という話をすると、「確かにお客さんを見ていませんでした」と言ってくる人が多い。つまり、「お客さんを見る」という極めて重要なことができていないのだ。

なぜこれが「極めて重要なこと」か。

それは、売上を生み出すものは唯一「お客さん」だからである。

## ◎「人にフォーカス」する

私はもう長年、商売では商品やサービスを見るのではなく、ましてや競合他社を見るのではなく、自社のお客さん、「人」を見るべきだと主張してきた。

その理由は、「お客さんを大切にしよう」といったふわっとしたものでなく、もっと確信的な事実、「売上は人の行動だけが作り出すものである」にある。

たとえばティナズダイニングのような飲食店なら、お客さんが店に行こうと「思い」、実際に「来て」、席に座り料理を「注文し」、「食べ」、お帰りの際に「会計する」ことで売上はできる。この一連の「行動」だけが売上を生み出す唯一のものだ。

どれほどこだわりの料理があっても、お客さんが「来て」、「注文し」、「食べ」、「会計する」ことなくして売上はない。

だからこそ、その主体である「お客さん」を見なければならない。これを私は「人に焦点を当てて、常に人を見る」という意味を込めて「人にフォーカスする」と言っているが、これはあらゆるビジネスの基本中の基本だと思う。

そして「価格」とは、お客さんの「買う」という行動に深く関与するものだ。

だからこそ「価格」も「お客さん」を見る。顧客の視点から考えるべきものなのである。

4・2

# 内的参照価格から値付けをする

## ◎内的参照価格とは？

原価の積み上げから考えない。他社との比較で考えない。そして「顧客の視点から価格を付ける」。

そう言われたところで、「じゃあ、どうやって価格を決めたらいいのか」という話になるだろう。

ここで、一つの指針をお伝えすることにしたい。それが「内的参照価格」だ。

内的参照価格とは、お客さんの心の中の価値を指す言葉だ。消費者が価格の妥当性や魅力度を判断する際の基準として、記憶から想起する価格を指す。

この内的参照価格と実際の価格が同じなら妥当な価格となるし、内的参照価格より安ければ安いと感じ、高ければ高いと感じる。

内的参照価格は複数あるとされており、慶應義塾大学商学部教授・白井美由里氏の研究では、次の9種類が提示されている（『消費者の価格判断のメカニズム』千倉書房より）。

①公正価格
メーカーのコストを考慮したときに公正と思われる価格
②留保価格（最高受容価格）
これ以上の価格では高すぎると考える価格
③最低受容価格
これ以下の価格では品質が劣ると考える価格
④期待価格
現在、このくらいで販売されているだろうと予想する価格
⑤最高観察価格
過去に観察した価格の中で一番高い価格

⑥最低観察価格
過去に観察した価格の中で一番安い価格
⑦平均観察価格
過去に観察したさまざまな価格の平均
⑧通常価格
通常この価格で販売されているだろうと予想する価格
⑨購入価格
過去に自分が支払った価格

## ◎顧客は「勝手に」価格を判断する

①から④は、いわば顧客の期待や願望だ。そして⑤から⑨は、過去の経験と市場価格がベースになっている。
このことが指し示しているのは、**お客さんは自分の記憶から「勝手に」その商品やサービスの価格の妥当性を判断する**ということだ。過去の自分の経験を踏まえて、「いや、ち

ょっと高いな」とか「わー、安いわ」とか「タダ同然」と思うわけだ。

だから、先ほどの話と矛盾したことを言うようだが、他社商品の市場価格を知ることはやはり必要ではある。それが内的参照価格に影響を与えることは確かだからだ。

重要なのはそこからだ。お客さんは「勝手に」過去の経験と比較して価格の妥当性を決めるのだが、その**比較対象は別のものに変えられる**、ということだ。


たとえば、インスタントラーメンの価格を決める際には、他社のインスタントラーメンと比べたくなるだろう。しかし、自社のインスタントラーメンが、インスタントラーメンにもかかわらずリアルな店舗の味をほぼ再現できたとする。すると、比較対象はインスタントラーメンではなく、リアル店舗のラーメンとなる。たとえば７００円くらいの値付けをしても、「ラーメン店に行くと考えれば安い」となるだろう。

あるいは、１冊の書籍の中に門外不出の10万円のセミナーの内容を詰め込んだとする。するとその本の価格が２０００円だとしても、そこに10万円分の内容が入っていると知れば「安い」と感じるだろう。

この発想ができるようになると、価格の可能性は大きく広がる。競合他社を気にせずに十分な利益が得られる、適正な価格を付けることが可能になるのだ。

内的参照価格の話をするとよく、「顧客の心の中なんてわからない」ということを言われる。それについては第5章でお話しするとして、ここでまず考えてほしいことは、**売り手のほうが「何と比較してほしいか」を自分で設定すること**だ。

## ◎スーパーのクッキーを「デパ地下価格」に

この「内的参照価格」を見事に活用した例をご紹介したい。北海道は十勝地方にあるスーパー「デイリーショップヤマモト」の例である。

店主の山本順一氏があるメーカーのアーモンドクッキーを食べてみたところ、非常にクオリティが高かった。しかし、残念なことにパッケージがイケていなかった。パッケージさえ高級感のあるものにすれば売れるはずなのに、もったいない。

ちなみにこの商品の推奨小売価格は258円だった。しかし、店主は「本来ならデパ地下で500円くらいの価格で売ってもいい商品だ」と判断した。

そして、ＰＯＰ等で「デパ地下レベルのおいしさ」「５００円の価値がある」などのメッセージを添えて、推奨小売価格より2割ほど高い、ほぼ定価の２９８円で売り出した。すると、これが爆発的にヒット。たった23坪の店であるにもかかわらず、今やこの店が、山本氏が所属するチェーンの中でこの商品を北海道で一番売っているという。

つまりこの事例では、**内的参照価格を「スーパーのお菓子」から「デパ地下のスイーツ」に変えることで、より高い価格で販売することができた**といえる。

ちなみにこの事例は、小売業にとってもう一つ、大きなヒントを与えてくれる。

通常、小売業は商品に対して変更を加えることができない。入ってきた商品を見て「こんなの売れるわけがない」「もっとこうすればいいのに」と思うようなことも多々あるだろう。

しかし、そういう場合でもこの「内的参照価格」を応用することで、なんらかの工夫をすることは可能だということだ。

ちなみにこの店では他の商品も含めて続々値上げをしているが、客数も売上も上がり続けている。店主の山本氏は世間が物価高で騒ぎ出した4月に、「値上げをするなら今です」

とすら言い切っている。

正直、この店は、外見の写真を見る限りでは、通りすぎてしまうような普通の店だ。面積も狭い。にもかかわらず、今や十勝地方全域からお客さんがやってくる人気店となっている。

それはなぜかと言えば、店主が選別した商品が、そこを訪れる人たちの毎日を充実させてくれるからだ。この店に来ることが何より「意味のある」ことなのである。

## ◎布団屋さんがディズニーランドになる

もう一つ、極めてユニークな例を挙げたい。それは、「内的参照価格がディズニーランドの布団屋さん」だ。

大分に「いとしや」という寝具店がある。店頭にはもちろん布団も並んでいるが、それだけではなく、さまざまな生活雑貨や家具などが並び、楽しくなる工夫が施されており、行くだけで楽しい布団屋さんである。

あるとき、店主・大杉天伸氏はお客さんからこんな話を聞いた。その家族は毎年、ディズニーランドに行くために積み立てをしていた。しかし、それよりもいとしやに行くほうが楽しいということで、今後はその積み立てを「いとしや積み立て」に変えたという。

これを聞いて私は思った。「いとしやで1年に使うお金の内的参照価格は、寝具店ではなくアミューズメントパークなのだ」と。

九州から家族4人でディズニーランドに行くとすると、その費用は、20万円はくだらないだろう。ということは、いとしやで5万円、10万円の布団を買ったとしても、彼らにとっては「想定内」ということになるわけだ。

誰もが、「文具メーカーは文具メーカーと」「蕎麦屋さんは蕎麦屋さんと」など、同業種を基準に価格を考える。しかし、**内的参照価格を他業種にまで広げることができれば、値付けの可能性はいくらでも広がる**。

## ◎比較対象を広げると、値付けは自由になる

たとえば、「キャンプ場」の価格はおおむね5000円ほどだ。これを別の内的参照価

格と比較してもらうには、どのような比較先が考えられるだろうか。

岡山県でキャンプ場を運営する「おおさネイチャークラブ」の松下昌平氏は、「学校」や「塾」と参照してもらうことを考えた。

彼は常々「自然体験を通して自立した社会人になってもらいたい」と考えており、その役割とは学校に比すべきものではないかと思い至ったという。自然体験は、問題解決能力、主体性、協調性、忍耐力など、いわゆる非認知能力と呼ばれるものを鍛える。それは、学校や塾ではなかなか学べないものだ。

そうしたプログラムをより提供することができれば、学校や塾と同等の価値を親が感じてくれるかもしれない。今主流の個別指導塾なら、通う回数にもよるが、月に2、3万円くらいの価格だ。５０００円の内的参照価格が、一気に5倍近くまで上がることとなる。

たとえば「フラダンスを習うこと」を「健康維持のための投資」と参照してもらうこともできるかもしれない。

もっとも、千葉県でフラダンス教室「フラ ハーラウ オ ラウレア」を営む青木みどり氏によれば、実際に健康維持のために通う方は少なくないのだそうだ。

同教室にも、本格的にフラダンスを学び、発表会や大会に出る方のためのコースや個人レッスンとは別に、健康維持が目的の方のためのコースもある。

そのコースの月謝は５０００円。ちょうど健康食品1カ月分くらいの価格だ。たとえば、このコースがいっそう、健康維持のために充実したプログラムを加えていくなら、生徒にとってはより安く感じるだろうし、より高いコースの設定も可能だろう。

横浜市に本社を置く「上薬研究所」のサプリメントなら、内的参照価格は同じ健康食品ではなく、「スポーツジム」でもいいかもしれない。

実はそれを体現しているのが、社長の田中愼一郎氏だ。氏はその世界では有名なアマチュアマラソンランナーで、先般も本州１５５０㎞を縦断するチャリティマラソンに出場し、見事完走。その模様はＳＮＳで逐次伝えられ、新聞にまで取り上げられた。

そんな氏がある意味広告塔となり、霊芝を原料にした同社商品の効能をＰＲしている。健康維持はもちろん、これだけ過酷な競技ができる身体を維持できるのだと。

同社商品は、1カ月分で1万５６６０円。卸先のドラッグストアでは最も高い価格帯の商品で、他の健康食品と比べても高価だが、ジムなら月に1万～２万円はざらにある。ジムと参照されれば、決して高いものではない。

これらの例のように、キャンプ場が他のキャンプ場を、サプリメントが他のサプリメントを基準にするのではなく、お客さんにもそれを参照してもらうのではなく、その幅を広げる。

それにより、値付けの可能性は大きく広がるのである。

## ◎安くしすぎるとかえって売れなくなる？

③の「最低受容価格」についても、少し補足しておきたい。

「最低受容価格」とは、顧客が「これ以下の価格だと品質が劣ると考える価格」のことである。

つまり、創意工夫の結果とても安い原価で製品を作ることができたとしても、**お客様のためだからとあまりに安くするとかえって売れなくなるケースがある**ということだ。これもまた「安売りのワナ」の一つだろう。

代表的な業界としては健康系だ。たとえば、サプリメントの製造販売をするようなメーカーにこのアドバイスをすることがしばしばある。自分の体の中に入れるものに関しては、安すぎるとかえって不安になるという顧客心理が働くのだ。

また、元々ブランド価値が高いものなども、それに当たるだろう。

以前、有田に旅行した際、有田焼のいいお店を見つけた。価格も相応で納得感があるもので、ついつい大量に買ってしまった。すると会計の際、店の人から「2割引いておきますね」と唐突に言われたのだ。

確かに、言われた瞬間は「得した」と思ったのだが、あとでちょっと微妙な気分になってきた。「元々の定価はなんだったんだろう」と思ってしまったのだ。

だとしたら、値引きをしてさらに相手に微妙にマイナスの感情を与えてしまうわけで、これはもったいない。こちらが納得しているのだからその価格で売ってくれればいいと思うし、せめて「なぜ値引きするのか」を明らかにしてくれればよかったと思う。

このように、「意味合い消費」の世界では、安売りや割引がマイナスになってしまうこともある。

## ◎究極は「内的参照価格がない」存在になること

これまで「値付け」の手掛かりとして内的参照価格の話をしてきたが、究極は内的参照価格がない、孤高の存在になることだ。

代表的な例としては、「ハーレー」が挙げられるだろう。アメリカ・ハーレーダビッドソン社の大型バイクだ。

ハーレーが好きな人は、別に大型バイクが好きなわけではなく、あくまでハーレーが好き。ハーレーとほぼ性能が同じ大型バイクが半額で売られていたとしても、見向きもしないだろう。こうなると比較対象がなくなるわけだから、値付けはまったく自由になる。

先ほどご紹介した「アイヌジビエコース」もまた、日本のどこにも存在しないものだ。価格は８５８０円だが、おそらく周辺の店の相場を調べたうえで比較してこのコースを頼んだ人など皆無だろう。

本当は昭和の時代だってそうだったのではないだろうか。日清食品の安藤百福さんが世の中に今までなかったインスタントラーメン（チキンラーメン）を作ったとき、当時からすると非常識なほどに高い価格で販売したという。

しかし、店頭で実演するなどしてその価値、つまり「忙しい主婦でも簡単にラーメンが作れる」を見せたところ、瞬く間に売り切れた。同様に「カップヌードル」も、当時のインスタントラーメンより圧倒的に高かったけれど、その価値が伝わると、高いと言う人はいなくなった。

世の中に初めて商品なり、サービスなりが登場したときには、参照価格など存在しない。

## ◎収益最大化ポイントを探る。そして、試す

これまで、価格とは「顧客を見て」決めるものだという話をしてきた。最後に一つだけ、作り手・売り手側の視点を紹介したい。それが「収益最大化ポイント」だ。

もし、ある商品を1万円で売ったら、１００人が買ってくれたとする。一方、５万円で売ったところ、30人が買ってくれた。

普通に考えれば収益がより大きいのは「5万円で30人」であり、こちらを選ぶべきだと

いうことになる。

しかし、これを意外と忘れてしまっていることが多い。すなわち「なるべくたくさんの人が買ってくれたほうがいい」という考えにとらわれてしまうのだ。これもまた、「大量消費時代の発想」と言えるかもしれない。

そして、値決めで大事なのは「実験」だ。一度価格を決めて、試験的に売ってみて、そこでお客さんの反応を見る。ちょっと動きが鈍いと思ったら、価値を伝え直して、また試す。一方、もっと価格を上げてもいいと思ったら、少し上げてみる。あえて一気に倍にしてしまうという発想もある。

スーパーに商品を卸しているメーカーなどにとって、この手の実験は難しいかもしれない。自分の売り場ではないからだ。しかし、可能な範囲でこうした実験を繰り返すうちに、自社にとっての「収益最大化ポイント」が見つかるものだ。

可能な方はぜひ、そして難しい方もなんらかの方法にて、ぜひ「価格の実験」をしてみていただきたい。

まず第一に、顧客にとっての価値から考える。そして、原価や仕入れ値にとらわれず、あくまで顧客の心の中の比較対象から考える。そして、できれば何度か試してみて、収益が最大になるポイントを見つけ出す。これが「値付けの作法」だ。

## ◎シェア争いという考えはもう古い

ところで、「同業他社と比べる」というメンタリティがどこから出てくるかというと、おそらくは「同業他社とのシェア争いが、売上を得るためには重要」というあたりからではないだろうか。

しかし、同業他社との戦いでシェアを取るという考え方がもう古いと言わざるを得ない。

第2章で、価格上昇時代の顧客が意識するのは節約ではなく「配分」だというお話をした。たとえば、毎月自由に使えるお金が2万円だとしたら、自分にとって価値のないものはなるべく切り詰め、意味のあるものに最大限配分しようとする。

つまり、むしろ考えるべきは業界のシェアではなく「顧客のシェア」。より具体的には

**「お客さんの時間とお金のシェア」の奪い合い**になるわけだ。

こうなると、争うべきは同業他社とは限らない。映画のライバルはスマホになるかもしれないし、ゲームかもしれない。

先ほどのジビエ料理の店に来たカップルは、以前は年に2、3回ディズニーランドに行っていたかもしれない。それを今回はジビエ料理に配分してくれたのだとしたら、レストランがアミューズメントパークのライバルになったわけだ。

さらに言えば、今後は市場のシェアという発想自体が成り立たなくなるかもしれない。たとえば自動車業界では熾烈なシェア争いが繰り広げられているが、日本の自動車市場が来年も再来年も同じように存在するという保証はない。

環境への負荷の問題もあり、ガソリン自動車への風当たりは年々強くなっている。また、これからＣＡＳＥ革命というものが本格化し、ＭａａＳによって自動車を保有する必要がないとなれば、個人の自動車への意識が大きく変わる。あるとき突然、人々の意識が一気に切り替わり「自動車には配分しなくていい」となるかもしれない。

スタグフレーションにより、今後日本経済全体にとっては非常に厳しい時代が訪れるかもしれない。しかし、究極的に言えば、**日本経済が厳しくなっても、あなたの会社やあなたが売っているものに配分してもらえればいい**のだ。

意識すべきは「顧客の心のシェアである」ということを忘れないようにしたい。

# 第5章

# 「値上げ」の作法

## ――価値あるものを、さらに高く売るために

# 5・1 「安売りスパイラル」からの脱却

## ◎値引きはスパッとやめるべき

さて、第4章では「値決め」の話をしてきた。次は「値上げ」だ。

「値決め」以上に多くのビジネスパーソンが「値上げ」を恐れる理由は、本書冒頭で挙げた不安の言葉、「値上げをしたら顧客が離れてしまう」に凝縮されているだろう。

ここまで語ってきたことを踏まえて言えば、商品・サービスには、すでに顧客（特に既存顧客）の内的参照価格がある。「⑨購入価格」だ。さらにお客さんには「④期待価格」もある。

しかし一方で、お客さんには「①公正価格」もあり、第3章で紹介したようにカーネマン教授らが見出した法則も働く。つまり、明確な理由があれば、顧客は値上げを許容してくれる。

非常に悩ましいところである。

特に、今まで価格の安さを訴求してきたメーカーや、値引きで顧客を集めていた店は、「顧客が一気に離れていってしまうのではないか」という恐れから、なかなか値上げができない。

もちろん不安はあるだろう。しかし私の答えは、**「いったん、スパッと値引きはやめる」、そして「必要な値上げはやる」**というものだ。

一時的には顧客が離れていき、売上が下がることもあるだろう。安さを求める客は必ず一定数以上いるから、そうした人は確実にいなくなる。

しかし、数々の事例を見ていると、「思ったほどは落ちない」「まったく落ちなかった」というケースが多いようなのだ。

## ◎価格を上げた。すると顧客は……？

一例として、東京都八王子のペットサロン「リーデレカーネ」が値上げに踏み切った経緯を見てみよう。

同社は2022年5月、同社が営むサービスのうちトリミングとペットホテルの料金を大幅に値上げした。その背景にはご多分にもれず、燃料、光熱費、備品などの価格が軒並み上がってきたこともあるが、そもそも業界全体としてトリミング料金が安すぎるという問題もあった。いつかはそれを是正しなければ、どのみちこの先、良いスタッフを育て、良いサービスを提供し続けることはできなくなるのだ。

値上げにあたって店主・原口八恵子氏は、世の中の流れに便乗し、単に「大変だから値上げします」としたくはなかった。これまでの経緯、意図があっての値上げであること、ある意味苦渋の決断でもあることをしっかり伝えたいと考えた。

そこで、事の経緯や背景を、定期的に発行しているニュースレター「スマイルドッグ通信」に書き、店のＬＩＮＥや店頭のカウンターでも、「トリミングと、ペットホテル料金の値上げを行います。この苦渋の決断の経緯とお客様に対する思いがスマイルドッグ通信に綴られています。ご一読お願いします」と発信し、訴えた。

結果はどうだったか。値上げ前の４月の数字を１００とすると、トリミングの売上は１００・２％、ホテルは１２７・９％、その他、近年力を入れているドッグトレーニングは１４９・９％、物販１２２・１％で、どの分野も前年を超え、５月の売上全体でも１０８％だった。

ホテルの伸びについては、５月にはゴールデンウィークもあり、コロナが収束状態に入っていくというタイミングも良かったと原口氏は言うが、タイミングだけならむしろこの機に安い他店に流れてしまう可能性もあったはずだ。「自宅兼店舗で夜間も無人にならない」「フリースペースがあるので、ケージに入れっぱなしではない」など、安心や温かさなどの価値を前面に出し、それを伝えていることが功を奏したのだろう。「こちらが思うより、抵抗なく値上げを受け入れてくれている感じがしました」と原口氏は言う。

そしてこの結果、月間の粗利は前月比２１５％となった。「粗利の伸び率を計算したときは、何か間違っていないかと思いました」と彼女は言うが、まさにそれが、正当な対価なのである。

## ◎お客さんを選んでしまっていいのか？

安売りや値引きを止めたことで、あなたのもとにクレームが来ることがあるかもしれない。どんな世界でも「1円でも安いもの」を求める人はいるからである。たった一人からでも「高い」と言われてしまったら、値上げに躊躇する気持ちが生まれるのも無理はない。

リーデレカーネにもそうしたお客さんはいた。より具体的には、お客さんの反応は大きく四つに分かれたそうだ。

まず、値上げを理解いただけないお客さん。そして「あ、そうなんですね。わかりました」と言ってくれはするものの言葉は少なめで、次回の予約は入れてくれないお客さん。

ただ、多かったのは次の二つのパターンのお客さんだ。「かなり上がるねー。でもしょうがないよね」と言いつつ予約を入れてくれるお客さん。そして、「あー、はいはい、全然大丈夫だよ」と、普段とまったく変わらないお客さん。

もちろん、こうしたお客さんが多いことの背景には、原口氏を始めスタッフらが日ごろから顧客との関係性作りを意識し、「スマイルドッグ通信」などの情報発信によりコミュニケーションを取り、良い関係を育んでいたことがあるだろう。関係性のある顧客は値上げの許容度も大きいからだ。

しかし、いくら関係性を育んでいても、理解してもらえなかったり、受け入れてもらえないお客さんはいる。では、どうすればいいのか。

ここは考えどころだが、私はそういうお客さんは顧客にしようとしなくてもいいと思う。つまり「お客さんは選んでいい」。

**値上げは、自社にとっての優良顧客を絞り込むチャンス**でもある。

価格だけを求めていた顧客は、他にもっと安いものが生まれればすぐに移ってしまうだろう。しかし、価格を上げても流出しなかった顧客は、価値をあなたの商品や会社に見出してくれているということ。つまり、あなたの商品や店に意味合いを見出してくれているということだ。

ここにまず「値上げの作法」が一つある。

原口氏がそうしたように、自社・自店が価値あるものを提供し続けるための正当な対価を要求する。すなわち、必要であれば値上げをする。

そのとき、その理由をはっきりと伝えるのである。

## ◎人口5000人の町に顧客が押し寄せる

「顧客は選んでいい」と言われても、「ただでさえ少ない顧客を失うのは忍びない」という人もいるだろう。そういう人には、前述の「デイリーショップヤマモト」の事例をご紹介しよう。

この店があるのは十勝地方の幕別町という町の中の人口が5000人しかいない小さな地域だ。しかも高齢者率が非常に高く、人口も減っていっている。

にもかかわらず、値上げにはまったく躊躇がない。この店の名物であるプリンは、値上げする前の2021年3月にはひと月で246個売れていたのが、値上げ後の2022年3月には612個売れたという。実に2倍以上だ。

店主の山本氏は、「価格にうるさいお客さんが来なくなったので、いいお客さんが自然と増える好循環が起きている」「確かに1円2円で動く人もいるが、そのようなお客さんは自分の客ではない」と言い切る。

なぜ、言い切れるのか。このようなビジネスをしていた結果、幕別町だけでなく、北海道の十勝地方全域から顧客が来るようになったからだ。

かといって別に、排除しているわけではない。価格だけを言ってくるお客さんにとっては「自分には合わない店、居心地の悪い店」になるので、自然と足が遠のくというだけの話だ。

だからあなたも「値上げによって既存顧客を失うかもしれない」ことを、あまり深刻に捉えないでいただきたい。もし、本当に意味のあるビジネスを展開することができていれば、どこかから新たに顧客が現れる。さらに言えば、今やネットを使えば商圏は世界中になる。

「安売り」を止めた先にはきっと、あなたが本当に求めている顧客が現れるはずだ。

## 5・2

# 「人を軸にした値上げ」とは？

### ◎自分が成長したら、価格を倍にする？

「物価が上がったから値上げする」ということでも、理由さえ伝えれば納得はしてもらえる。しかし、この価格上昇時代には、値上げをしても値上げをしても追いつかないケースも考えられる。

そのたびに「○○の理由で値上げをします」と言い訳するくらいなら、私は今のうちからさらなる値上げを考えてほしいと思う。

一般的にビジネスの世界では、売れなかったら値下げする。しかし、私はそこで、「どうすればもっと高く売れるのか」を考えてほしいと思うのだ。

その一つとして、「自分が提供できる価値のレベル」を軸に考えて価格を上げる、という方法がある。

このことを教えてくれたのは、京都の菓子メーカーである「京西陣菓匠宗禅」社長の山本宗禅氏だ。

同社のオリジナル商品の中に「金爛」という名のあられがある。これは、かつて苦境にあった宗禅の業績を回復させた初期のヒット商品の流れをくむ商品だ。

その商品とは、あられをチョコレートでコーティングした「チョコレートあられ」。山本氏が工夫を重ねた末に生まれた商品で、お値段は「1粒100円」。サイズは親指ほどで、当時の宗禅のあられの中でも破格の値段だった。しかし、その価値が伝わったことでヒット商品となった。

しかも、予約制であることが功を奏した。当時、会社はまだ小さく、資金繰りも厳しかった。予約販売にすることで先に代金を受け取り、それから原料を仕入れるというサイクルができたことで、資金繰りにも大いに貢献した。

さて、実はこの商品だが、今は「1粒100円」ではない。「1粒200円」だ。

その理由は原価高騰ではない。材料にはより良いものを使っているが、それが値上げの理由ではない。親指サイズが人差し指サイズに大きくなったのでもない。山本氏曰く、「昔の自分と今の自分とでは、腕が全然違っている」。だから値上げした、ということだ。

実際、山本氏は初期のヒット後も精進を続け、チョコレートあられは、ザ・リッツ・カールトン京都のＶＩＰルームのお菓子に選ばれたり、ドバイ王室への献上品になったりと、実績を着々と積み重ねてきた。

つまり、研鑽を重ねてきた自分は以前の自分ではない。だからそれに見合った価格を付けた、ということだ。

そしてこの商品は価格が倍になったにもかかわらず、今まで以上に売れている。

ここに二つ目の「値上げの作法」がある。

自分が成長したら、価格を上げる――**自分が精進することで提供できる価値が上がったら、それにあわせて価格を上げる**のである。

もちろん価格は第一に「顧客にとっての価値から考える」のだから、提供できる価値が上がったこと、それがお客さんにとってどのように価値あることなのかは、さまざまな手立てで伝えなければならない。それを前提にしてのことではあるが、この値上げの作法は重要だ。

付け加えれば、これは「内的参照価格」を巧みに用いた例でもある。

私はあちこちでこの事例をお話ししているが、聞き手はこの商品の話を聞いて自然と「ゴディバのチョコレート」や「マカロン」などを思い浮かべるという。そして、「200円という価格は決して高くない」と言う。あられの比較対象をこうした高級菓子に引き上げたのである。

## ◎「人」を前面に出してみる

「自分が成長したら、価格を上げる」――この視点は、技術を持つ人やフリーランスの人にぜひ知っておいてほしいものだ。

仮にあなたがピアノ講師をしていたとする。10年前に比べて、あなたのピアノ講師としての腕は格段に上がっているはずだ。だとしたら、その分レッスン料を高くしてもいいはずだ。

実はそうした値付けが自然に行われている業界がある。それは美容業界だ。同じ美容院の中でも、誰に担当してもらうかで価格が違ってくるのが当たり前だ。パーマ一つにしても、普通の人がやるかチーフスタイリストがやるかで変わってくる。これはつまり、「技術によって価格を決めている」ということだ。

本来であれば、こうした値付けはどんな業界でもできるはずだ。

たとえば工務店だ。以前、私の会の工務店の方に聞いた「壁塗り」についてのユニークな話がある。

壁塗りには技術が必要で、壁の種類によっては特定の技術を持った職人にしかできないものもある。同じ「壁職人」といってもその技術力には差がある。つまりは、お客さんに提供できる価値の違いがあるということだ。

そこであるとき、トップの技術を持つ職人とそれ以外の職人で、単価を変えてみたらどうだろう、という話になった。具体的にはそのトップの技術を持つ職人を前面に出して、特別価格を付けたのだ。

この工務店の顧客は注文住宅を建てる人が中心なのだが、工事の際にそのトップの職人自らが壁について説明する。そのプレゼンもなかなか見事なものだそうだが、その後、

「この職人さんに頼む場合、平米当たりのお値段が少し高くなり、彼は引き合いが多く忙しいので、場合によっては時間もかかる」と説明する。

すると多くの人が「この職人さんにぜひ」という話になったという。中には半年待ってでもいいからこの人にやってほしい、という顧客もいたそうだ。

人を前面に出すことで、その人の積み上げてきた「価値」がわかる。そこにファンも生まれる。そして、その分、高い価格を払ってもいいという人が現れる。あなたのビジネスにおいてもその方法をぜひ見出してみてもらいたい。

## ◎「楽しさ」を加えると、価格が上がる

「顧客に意味のあるものを提供することが大事だ」というと、どうしても作り手としては「品質を高める」という方向ばかりで考えがちだ。しかし、「人」という視点があれば、それとは別の方法がいろいろと見えてくる。

キーワードは「楽しさ」と「体験」だ。

これも、事例を紹介しよう。福島県いわき市の渡辺文具店・パピルスの事例である。

この店では、あるメーカーのアルコールディスペンサーを売っていた。コロナ禍で一躍必須品になったあの商品である。

円筒形の本体部分からアルコール射出部分が平べったい大きなくちばしのように突き出て、その下に手をかざすとアルコールが噴き出すというものだ。あなたもあちこちで見かけるタイプだろう。同店でも、当初はそのまま店頭に設置してあった。

しかしある日、店主・渡邉寛之・瞳夫妻らは気づいた。「必ずお客様が立ち止まる場所で、お客様をワクワクさせない手はありません‼」

そこで行ったこととは、このディスペンサーを飾ることだった。ディスペンサーをペリカンのような鳥に見立て、突き出した部分には黄色い紙を貼り、くちばしに。その根元には可愛らしい目を付け、本体の両側に羽を付けた。そして「テッテ君」と名前を付け、キャラクターにしつらえたのだった。

早速、来店客から「かわいい〜」の声が上がったが、「お客様をワクワクさせる」作戦はさらに加速していった。テッテ君に服を着せ（もちろんその服も手作りだ）、季節ごとにその服を変えた。夏には頭に麦わら帽。ハロウィンの際には仮装。クリスマスにはもちろんサンタの衣装。正月には着物姿となり、かたわらには門松も置かれていた。

さらにこの店ではなんと、そのオリジナルデコレーションキットとアルコールディスペンサーをセットで販売することにした。

アルコールディスペンサーと着せ替えキットなどという商品にニーズがあるのかと思われそうだが、発売開始とともにすぐに注文が入った。どれもギフトだったという。

機能に「楽しさ」を加えると、商品の持つ「意味」が変わり、ギフトにもなる。そして言うまでもなく、単価もその分高くなる。

なんとも楽しい価格の上げ方である。

## ◎「体験」こそ最強

そこに体験が加わると、まさに最強だ。

前述したティナズダイニングの「アイヌジビエコース」は、単にアイヌ料理「チタタプ」を再現しただけでなく、「チタタプ、チタタプ」と言いながら小刀で叩いて調理するところにポイントがある。まさに漫画『ゴールデンカムイ』のシーンを体験できるわけだ。

だからこそ、店主の林氏はそこにこだわった。

まず叩くための小刀はその辺の市販品ではなく、本格的なアイヌのマキリ（小刀）を用意。鍋は囲炉裏《いろり》に似合いそうな鉄鍋に、皿も雰囲気のある木の皿にした。また、アイヌの人たちは熊をキムンカムイ（山の神）と呼び、熊の姿をして毛皮や肉を持って良い人たちのところに現れると考えている。そうした文化的な側面を伝えたいと考え、それを綴ったテーブルナプキンを用意。

加えてアイヌの人が用いる刺繍の入った鉢巻を用意。お客さんには各々これをしめてもらい、「必ずチタタプ、チタタプと声に出しながらナイフで叩いてください！」とお願いする。

そこまでするお客さんが実際にいるのかといえば、いるどころか、みんな進んでそうする。なぜならお客さんはアイヌゆかりの鍋料理を食べに来ているのではなく、それを食することを含む「チタタプ」を体験しに来ているのだから。

ティナズダイニングは、新たな実験をスタートさせた。それは、完全予約制、阿寒湖の（一社）阿寒アイヌコンサルンと提携した、さらに本格的なアイヌ体験を提供する店だ。

予約した人には、来店前からさまざまなサプライズがあり（サプライズゆえ、ここでは明かせないが）、いざ食事のときには、あの「チタタプ」を含む本格的なアイヌ料理はもちろん、アイヌの雰囲気が体感できる、プロジェクションマッピングによる演出もある。そして食後にはそのコースを体験した証明書が発行される。

さらには、それを持って阿寒湖の阿寒湖アイヌコタンにある提携店舗を訪ねると、特別な待遇が受けられる。まさに、「チタタプ」好きには最強の体験価値だ。

このように、あなたが提供する商品やサービスに楽しさと体験を加えていくことで、より高い価格を喜んで払ってもらえるようになっていくのである。

## ◎「5万円のおでん」に人が集まる？

ご存じの方も多いと思うが、世に「極端回避性」と言われるものがある。

たとえば、レストランで1万円のAコース、1万2000円のBコース、1万5000円のCコースを設定すると、多くの人がBコースを選ぶというものだ。つまり、真ん中のものが売れる。「松竹梅の法則」とも呼ばれる。

しかし興味深いことに、**商品に「楽しさ」「体験」を付け加えると、一番高いものが売れる**ことが多い。まさに楽しさと体験は最強の値上げ要因となるのである。

例を挙げよう。大阪の老舗おでん店の「たこ梅」だ。日本最古のおでん屋として知られ、人気を博している。

そんなたこ梅が会員限定のコースを提供したのだが、その最高価格はなんと5万円。もちろん、提供するのはおでんである。5万円となるとどんな高級食材を使うのかと思うかもしれないが、おでんはいつものおでん、そして名物のたこの甘露煮だ。

ただ、このコースには他にも付いてくるものがある。たこ梅オリジナルの錫上燗コップ（または錫焼酎コップ）に錫一合タンポ。錫ストラップにオリジナルTシャツ。さらには、たこ梅手ぬぐい、鯨てぬぐい、といった具合だ。

その名も「たこ梅応援暴走コース」。

実はこのコース、コロナ禍でも頑張っているたこ梅を顧客に応援してもらおうと、会員限定で行ったものだった。コースはおでんと甘露煮だけの5千円のものから、8千円、1万円、3万円、5万円と設定した。社長の岡田哲生氏は「まさか5万円が出るとは思いませんでした」と語る。

しかし、実際に5万円のコースを利用した顧客はいた。３万円はいなかったにもかかわらず。

このように、「楽しさ」「体験」が加えられると、往々にして最も高いコースを選ぶお客さんはいるものだし、こうして「ぶっ飛んだ価格」のものをやってみると、「まさか」が現実になり、作り手・売り手も、いい意味でタガが外れる。

## ◎「ぶっとんだ価格」で、顧客の意識が変わる

こういう例もある。山形県山形市の和菓子店「出羽の恵み　かすり家本店」での事例だ。

その商品は「どら焼き」。価格はなんと「５２８０円」。ハート形になるとさらに５００円増しとなる。店で通常販売しているどら焼きは１８０円くらいだというから、実に約30倍の価格。まさに「ぶっ飛んだ価格」である。

この価格の主な理由はサイズ。なんと重さ１・８キロのどら焼きだ。

想像がつくと思うが、利用するのはだいたいお祝い事だ。ほとんどの方が誕生日や還暦祝い、結婚式、合格祝いや入学祝いなどで利用する。それも誰かに贈るためだ。かくいう私も、弊会の創立記念日に会員のみなさんから送っていただき感動。このどら焼きの大きさとおいしさにさらに感動させていただいた。

同社社長・東海林文明氏は言う。「どら焼きを１８０円から２００円にするより、４９８０円とありえない価格で勝負すると、お客様の思考が変化して、菓子の認識からプレゼント商品へと変化し、４９８０円の値段はさほど問題ではなくなる」。

そう。商品がより「楽しさ」や「体験」を生み出すものになると、お客さんにとって「意味」が変わり、内的参照価格が変わり、価格は消滅する。

そして同時に、作り手・売り手の意識も変化する。

ちなみに最初、どら焼きの価格を「５２８０円」と書いたのに、東海林氏の言葉の中で「４９８０円」とあるのは誤植ではない。昨年、この話を最初に聞いた際には、価格は４９８０円だった。それから今日までの間に、価格は３００円も上がっていた。

そして現在、さらに１０００円アップの６２８０円のバージョンを準備中とのことだ。

# 5・3 「価値のパッケージ化」で価格を上げる

## ◎あらゆる価値をまとめて「パッケージ」として提供する

次にご紹介する「値上げの作法」は、「価値のパッケージ化」である。

「価値のパッケージ化」とは私の造語だが、商品を単体で売らず関連するサービスなどと一緒に提供する、さまざまな商品・サービスを「意味」でくくって提供する、より「楽しさ」や「体験」を加えて提供する、などの取り組みを指す。それによって全体の価値が上がり、満足度も上がり、単価も上げられる方法である。

そのわかりやすい例として、ティナズダイニングの営む沖縄料理店での事例をお話ししよう。

この店では、コロナ禍で営業ができなくなった際、沖縄料理の食材を通信販売することにした。アグー豚や島らっきょう、島豆腐、店のオリジナル麺などがセットになったものだ。

店主の林氏はその食材セットをただ送るだけでなく、「島らっきょうの下処理の仕方」や「島豆腐のお料理レシピ」などの手作りシートを同封することにした。さらに写真入りの凝った作りで、同店オリジナルのゴーヤーチャンプルーの作り方など、よりこの店寄りのものも数枚入れた。この食材セット通販の狙いは、売上を作るためだけでなく、店に来たくても来られない顧客に少しでも店の気分を味わってもらうためだからだ。

そして林氏は、このセットにさらに面白いものを同封した。それは、「料理長」「スタッフ」と書かれた名札だ。名前を記入する部分は、買った人たちが自分の名前を入れられるよう、空白になっている。

そして、次のことを書き添えた。

コロナで普段家にいないご主人や子供たちがずっと家にいて、お母さんは大変。そこでこの料理セットは、できればご主人が調理して、子供たちが手伝い、お母さんはお休みして食べるところだけを楽しんでいただきたい。「料理長」の名札にはお父さんの、「スタッフ」には子供たちの名前を入れて、使っていただきたい。

この「セット」は単なる食材のセットではない。店の気分を味わう、コロナ禍にご家庭でちょっとほっこりしてもらう、そういうものが「パッケージ」されたものなのである。

これは大いに受け、お客さんからたくさんのお礼のメッセージが届いたという。

もう一つのパッケージ化の事例として、「西島眼鏡店」の取り組みをご紹介したい。

この店では、やはりコロナで店に来られないお客さんに対し、眼鏡のプロである西島達志氏が眼鏡を見立ててお届けするという新しいサービスにチャレンジした。その名も「お任せ見立て、ワクワク宅配便」。

このサービスを頼んだ人の家に届けられるのは、同店をイメージした家の形をしたユニークな箱だ。中を開けると、眼鏡だけでなくさまざまなものが詰め込まれている。「なぜ、その眼鏡を選んだのか」について西島氏自身が語るメッセージはもちろん、お店の近くの「老舗マップ」、さらには、西島眼鏡店のキャラクターの塗り絵や、奥様特製のキャラクターのアクセサリーまで入っている。

ティナズダイニングの事例も西島眼鏡店の事例も、「お店に来られない人が、まるでお店に来たときのように感じてもらう」という価値まで含めてパッケージ化されている。

「言うまでもないことだが、こうすることで単に食材や眼鏡を販売するときよりも、高い価格を付けることができる。これがパッケージ化の効能だ。

## ◎残念すぎるコラボ

一方、残念な例もある。メーカー名は伏せるが、あるメーカーが『スター・ウォーズ』とコラボしたデジタルカメラを発売したことがある。私も例によって早速購入したのだが、届いた瞬間にがっかりした。外箱のデザインが通常の商品とまったく一緒なのだ。

ファンとしては、届いた瞬間からワクワクしたい。おそらく西島眼鏡店から眼鏡が届いた人は、同店をイメージした家の形のパッケージを見た瞬間にワクワクしただろう。

さらに言うと、このカメラの価格は通常版と同じだった。これまたもったいないことだ。コラボデザインされた製品そのものは非常に優れていたために、さらにもったいなさを感じた。

もし、箱がスター・ウォーズ仕様の特注品で、そうでなくても箱を開けたらスター・ウォーズのテーマが流れるとか、せめて開けたところに濃紺の紙が入っていて、そこに映画スター・ウォーズの最初の画面に現れるあのひと言が書かれている、などの演出があったとしたら、価格が倍でも安いと感じただろう。

最近、コラボ商品をよく見かけるが、意外と価格がそのままであることが多い。それはサービスのつもりなのかもしれないが、むしろ「パッケージ化」を図ることで価格を上げたほうが、顧客の満足度も上がり、企業の収入も増えるのではないだろうか。

## ◎既存のものを「意味」でくくり直す

ちなみにこういう例を挙げると、「パッケージ化」とは通信販売で送る箱の中身にいろいろと詰め合わせることのように誤解されるかもしれないが、そうではない。

先に文具店・パピルスのアルコールディスペンサーと着せ替えキットの話に触れたが、これも「パッケージ化」したことで価値を上げ、価格を上げた例だ。

また同店には、次のようなパッケージ化の例もある。

毎年春の入学シーズンになると、同店には小学校入学用品を準備する親御さんたちが多くやって来る。学校側は何を準備すべきかを事細かに説明はしないので、必要なものは何か、名入れはどうやるのかなど、毎年お客さんからさまざまな質問を受ける。入学準備の中でも特に名入れは大変なため、徹夜で入学式当日には目の下にくまが……などということも珍しくないそうだ。

そこで同店は、「小学校入学用品チェック表」なるものをオリジナルで作成。そして、それぞれの用品について、どのように名入れをするか、そのためにはどのようなツールやサービスがあるかを列記。ＳＮＳでは、それら名入れツールをまとめて写真を撮り、「名入れツール見本」として発信した。

とはいえ、そこに映っているものは、特別なものではない。オフィスでもよく見る「テプラ」やサインペンなどである。ただ、それをパピルスは「小学校入学前の名入れにとても便利なツール」という「意味」でくくり直した。こうして「意味」でくくられることで、お客さんもそれらの「意味」がわかる。

たとえば、これらが「名入れツールセット」としてパックされて売られ、それをお客さんが丸ごと買えば、あるいは手元になかったものだけ足して買えば、それは「価値のパッケージ」を買ったことになる。

これもまた「パッケージ化」である。

## ◎たった2粒のあられの価格が10万円⁉

この項の最後に「究極のパッケージ化」の例を紹介したい。

先ほど「チョコレートあられ」の事例をお伝えした京西陣菓匠宗禅が製造・販売している献上菓子「黄金亀」だ。

宗禅の社長の山本氏は、日本唯一の「上技物」のあられを作ることのできる職人であり、これまで順調に売上を増やしてきた。

そんな宗禅が発売したこの究極のあられの価格はなんと、「2粒で10万円」。先ほどの親指サイズのチョコレートあられの「1粒200円」も破格だが、「2粒10万円」となると、もう異次元だ。

この黄金亀というあられはカメの形をした大粒のあられで、なんと、金箔に包まれている。

まず、このカメの形のあられだが、一つ作るのに10日もかかる。これ自体がすごい技術なのだが、そうしてでき上がった1000個ものあられの中から究極の2粒を選ぶのだという。そして、それに金箔を貼るのだが、これを作るために山本氏は金箔師のところに弟子入りし、金箔の技術を身に付けた。

さらに清水焼の器に、その亀の形をしたあられが1匹ずつ入れられている。そして手染めの友禅紙に包まれ、加賀塗の漆器に収められ、さらに西陣織の巾着の中へ。奈良の職人が作った桐箱の中に入れられ、縮緬《ちりめん》の風呂敷に包まれて提供される。これはまさに、日本文化、職人技術の粋を幾重にも重ねた、究極のパッケージ化だ。

最高級品とはいえ、実質的には「あられ2粒」。それがパッケージ化されることで、なんと10万円の価格が付くのである。

そんな価格であるにもかかわらず、発売以来、お祝いニーズなどとして重宝されている。海外からも引き合いが来るそうだ。

あなたの扱う商品も、パッケージ化によって価値を高めることができないか。ぜひ、考えてみてほしい。

# 5・4 価格が上げられない場合、どうするか

## ——本業の縛り

### ◎「返報性の法則」を活かすには？

これまで「価値」を上げ、それに伴って「価格」を上げる話をしてきたが、世の中には「定価」があるものもある。本書冒頭に出てきた「バリュー通販」久保氏が扱う調理器具のような工業製品に多いが、いわば「価格の上限」が定まっているような商品だ。もっとも、久保氏の言葉にあるように、その「定価」が「時価」になってきているのが今日なのだが、ここではひとまずそれは置いて、「価値」を上げていっても「価格」に上限がある場合はどうするか、を考えたい。

また、世の中にはどれだけ物価が上がっても、自分の意思では値上げができない業種が存在する。代表的なものとしては、国によって報酬が決められている医療の世界や、定価販売が義務付けられている新聞や雑誌・書籍などだ。

そうした境遇の人に覚えておいてほしいのが「返報性の法則」だ。

ここまで何度も述べてきたように、「価格」は「価値」に従う。ということは、価値を上げていけば価格も上がっていくのが自然だ。しかし、価値が上がっているのに価格が上がらないと、ここに差分ができる。すると、人の行動原理として、その差分を埋めて、等価にしたいと考える。これを「返報性の法則」という。

具体的に何をするかというと、まず、定期的に通うようになる。必ずあなたを指名するようになる。時に、代金以上に振り込むことや、ギフトを贈る、旅行土産などを持参するといったこともある。

そして、あなたからもし何かの提案があれば、喜んで受け入れる。

これらのことはすべて、心理的に等価になるために行われる。

だからこそ、価格が変えられない境遇でも、粛々と価値を上げ、提供し続けることが大切だ。

さらに、**プラスアルファの提案をすること**だ。たとえば、医療の世界なら保険外診療の案内、書店なら書籍以外のグッズを販売する、書籍関連のイベントを開く、などである。こうすることで価格は上げられなくても、客単価を上げることができるし、何より顧客のライフタイムバリューを高めることになる。

## ◎本業という縛りにとらわれない

私がずっと主張していることの一つに、**「自分の業種にとらわれてはいけない」**ということがある。

世の中には「布団屋さんは布団しか売ってはいけない」「書店は本しか提供してはいけない」という常識にとらわれている人が非常に多い。一方、私の会員には、業種を軽々と飛び越えて、もはや「○○屋さん」という枠に収まりきらない会社が非常に多い。

一例を挙げれば、東京都あきる野市にあるクリーニング店「シルク」だ。同店店頭には、糀《こうじ》ドリンクや薬膳茶、ジャムやポップコーンなどの食品や雑貨など、さまざまなものが並んでいる。店先には美しい庭があり、店内にはくつろげるいすやテーブルがある。およそクリーニング店とは思えない光景だ。

だが、こうした食品や雑貨がしっかり売れるのである。

もちろん、その中心には自社の価値があるのは事実だ。たとえばシルクなら、そのクリーニング技術は圧巻。遠くに転居した顧客が、洗濯物をわざわざ宅配便で送ってクリーニングしてもらうほどだ。

しかしながら、どんなにシルクの技術が圧巻でも、たとえば会社を定年退職し、出社することがなくなった方から、ビジネス用のドレスシャツやスーツのクリーニングが依頼されることはない。

また、店主・石井康友氏が指摘する通り、何をクリーニングに出すべきか、それはなぜか、それにはいくらくらい費用が必要かについて知らないお客さんもずいぶん多くなった。

もっとも需要減については、「人口動態を見れば、クリーニングの需要減はずっと前からわかっていたことだ」と、石井氏は言う。

だからといって彼は、単に別のものを売って需要が減った分の売上を作ろうとしているわけではない。彼の狙いは、お客さんとの出会いの機会を減らさないことだ。

スーツは着なくなった人でも、何かを食べたり飲んだりしなくなることはない。そこで出会ったお客さんに改めてクリーニングの（お客さんにとっての）価値を伝えることで、新たな需要を創ることにある。

## ◎「多角化」に対する過剰な反省

いずれにしても、旧い商習慣に縛られていてはこのような飛躍は望めない。

私の会員には「サツマイモを売るはり灸院」「アクセサリーを売るバー」など、こうした例は枚挙にいとまがないが、それもまた今日、重要な活動だ。

しかし、こうした活動は一般に理解されにくいという問題がある。たとえばシルクでは、ある商品を扱いたいと思い、これまでの実績を示して商談しても、「クリーニング店には、スーパーじゃないから卸せない」などと一方的に判断されて、断られることがしばしばあるそうだ。

それはひょっとすると、バブル期に多くの企業が多角化を図って軒並み失敗したことに遠因があるかもしれない。当時は、電力会社が魚の養殖をしたり、電機メーカーがパスタ店を開いたりといったわけのわからない多角化が花盛りだった。その失敗の経験から、「本業に注力すべき」という流れが生まれたのではないだろうか。

ただ、当時の多角化というのは、本業に関係のないビジネスがほとんどであった。

大事なのは「価値観」に沿っているかどうかだ。私たちはこの「価値観」を「世界観」と呼んでいるが、シルクでは、店長の石井氏の世界観によってキュレーションされた商品だけが置かれている。あるいは、そこに集うお客さんの感性に寄り添って編集されている。いわば、文脈があるのだ。

本業という縛りから逃れることができないと、価格上昇時代には非常に窮屈になってしまう。それは自らのビジネスの衰退を招いてしまうのである。

# 5・5 BtoBで「価格アップ」を果たすために

## ◎シビアな法人顧客に値上げを受け入れてもらうには？

ここまでは主に、BtoCの事例を中心に話をしてきた。読者の方々の中には、BtoBのビジネスを手がけている人も多いだろう。

BtoBの世界においては、価格交渉はよりシビアだ。

しかし、そんなBtoBの世界でも、価格アップを無理なく実現している会社はたくさんある。ここでもポイントは、「価格は価値に従う」だ。

静岡県島田市に「有限会社大塚製茶」という会社がある。「お茶のさすき園」という店舗も経営しており、BtoC事業でもファンが多い会社だが、BtoB事業でも業績を伸ばしている。具体的には、お茶の問屋やドリンクメーカーなどに対して卸販売を行っている。

近年、大塚製茶は卸単価の3割アップを果たした。そこで力を発揮したのが二つの資料。法人顧客に価値を伝えるためのツールだ。

一つはビジュアルが中心のもの。プロのカメラマンを使った本格的なものだ。もう一つは、大塚製茶の製品を使うことがエンドユーザーにどんな価値を提供するかを説くもので、こちらは分析や数値なども入った専門的なものだ。

社長・大塚隆秀氏は、この二つを巧みに使い分けている。まず、営業において最初に連絡があった企業には、ビジュアル中心のパンフレットを送る。大塚氏いわく、「あくまでも人が作るお茶、人が操作する機械、人が考えて活動している会社ということを表現しました」。パンフレットというより写真集といった趣のものだ。人は感情で動くものなので、まずはこれで大塚製茶の価値を感じてもらおうというわけだ。

ただ、ビジネスである以上、それだけで採用してくれるわけではない。そこでその先は理詰めで、データ中心の資料を使って価値を伝える。

ビジュアルなパンフレットを送ったあと、連絡があった会社には、この資料の第一弾を送る。内容は、「そもそもお茶は、お茶の細胞の中身を飲んでいる」といったお茶の基礎的な専門知識、大塚製茶の製造工程とそこでのこだわりなどだ。

そこから、さらに連絡や質問などがあれば、第二弾の資料の出番となる。そこにはかなり詳しく（というかマニアックに）大塚氏がこだわる土壌や肥料のことなどが、詳細なデータとともに説明されている。あわせて、さすき園店頭で来店客からよく聞かれる質問への回答が、こちらも専門的に語られている。

各資料がよく作られているだけでなく、まずはビジュアルパンフレット、次に専門的な資料の第一弾、その後、さらに詳細な第二弾と、シナリオがちゃんとできているのだ。

こうした施策により、顧客との関係が極めて強くなったと大塚氏は言う。そして目に見える結果として、今までは**頻繁にあった値下げ要求が減り、それまでより価格の高い、より良い商品が売れるようになった。**その結果、顧客単価が３割もアップしたのである。

「法人顧客」というと、これまで本書で例に出してきた一般消費者と異なり、何かまったく別の施策を打たなければならないと感じる人は多いが、「価値を伝える」点において、やることは同じだ。

たしかに法人が「買う」行為は、個人がビーフシチューを買ったり、バイト代を貯めて

「チタタプ」をやりにいったりするのとは少し異なる。たとえば法人の場合、「買う」に至る意思決定者が何人もいることが少なくない。

だが、宝木石材の墓じまいの例のように、個人でも意思決定者が多い場合もある。つまりここでも課題は「二つのハードル」を越えてもらうことであり、変わらず「価格」は「価値」に従うのである。

## ◎法人顧客にとっての意外（？）な「価値」

石川県にある紙問屋「浜田紙業」。同社が取り扱っている商品は、同業他社でも扱える商品がほとんどで、「ネピアのティッシュ」など他でも購入可能な市販品も多い。差別化が難しく、いきおい価格競争になってしまいがちだ。だからこそ専務の浜田浩史氏はこう言う。

「自分や、働いている人たちを含めて浜田紙業だと考えたら、自分たちのキャラクターは真似されない」「商品の差別化はできなくても、会社の差別化はできる」

そして、自分が前面に出て積極的に自己開示するニューズレター「浜田紙業通信」を送ったり、取引先に送る請求書の茶封筒にひと言メッセージを書くといった、地道なコミュニケーション活動を行っていった。

ちなみに「ひと言メッセージ」とは、たとえば年明けに送る請求書の茶封筒に「旧年中は大変お世話になり、誠にありがとうございました。今年こそ好きなラーメンを気兼ねなく食べ歩ける世の中になればなあと思います」などのメッセージを添えること。書いているのは同社の事務スタッフだ。

この取り組みのきっかけは、社内にこうしたひと言メッセージが得意な社員がおり、彼女のメッセージがきっかけで顧客からハガキが届いたりしたことだ。それに社内が盛り上がり、全員で真似しようという話になった。

始めてみると、取引先から驚くほど反応があり、まだ一度も会ったことがない人から「○○さんは元気？」などという、個人宛てのメッセージが入るようになった。「過去3回分の請求書の茶封筒やレターを捨てずに全部取ってある」という連絡が入ったこともあり、浜田氏も「特別な封筒ではなく、普通の茶封筒なので驚きました」と言う。

こんなこともあった。同社スタッフがニューズレターとひと言メッセージが入った請求書とともに商品を持参したところ、その会社の社長の奥さんがその場で自社の社員に、「こういうことが大事なんだよ。浜田紙業を見習わないと」と叱咤激励をしたのだという。

さらにはその後、いつもの10倍もの見積もりがあり、取引成立に至ったそうだ。

## ◎自ら進んで値下げを提案していないか

浜田氏はもう一つ、非常に重要なことを述べている。

以前は、顧客からの大量発注があった場合、顧客から「その分値引きできませんか」という話がよく来ていたという。そのため、大量発注があった場合には、何も言われなくてもこちらから値引きをした見積もりを出していたという。

しかし、このような活動を進めていく中で、それを止めてみた。すると、そのことに対して何も言われることなく、こちらの言い値で話が進んだのだという。

「安くすることがサービス」だと思い込んでいる人の中には、要望されてもいないのに「○割値引きします」などとこちらから切り出してしまう人がいる。それはまさに「安売りのワナ」である。

「商品の差別化」による価値を生み難いのなら、「会社の差別化」により価値を生み、「価格」につなげる。そして、自ら値下げにいかない。この1年、同社ではその活動に注力してきたが、気づいたときには、今までは頻繁だった「相見積もり」が減っていた。

そして現在、浜田専務の担当分野の売上は3倍に、その後、全社に活動を広げる中で、顧客のリピート率は、取り組み前には実質1～3％だったものが、今では26％に回復している。

同様の取り組みを、長野県に本社を持ち、法人顧客への事務機器の販売・保守などを行っている「いとう」の社長、高村和則氏も行ってきた。具体的には、注文契約となった顧客一社一社に、手書きでひと言添えたお礼のハガキを送るなどのことだ。

当初、このような活動は、実店舗で主に個人を相手にした商売だからできることではないかと思っていた高村氏だったが、いざ自社でも始めてみると、成果は上がった。

そして4年半の取り組みの結果、これらの活動がおよそ1億円の粗利増につながっていると、高村氏は語る。

年商20億円の会社において、1億円の粗利である。

この浜田紙業やいとうの事例から読み取れる重要なことがある。

それは、法人顧客にとって、「関係性」は「価値」だということである。

## ◎取引先を「同志」にする

ここで話を大塚製茶に戻そう。

なぜ、大塚製茶の施策が3割という価格アップにつながったのか。

大塚氏によると、まずは価値が的確に伝わったからだが、静岡茶の価値を説くこの資料を読み、プレゼンを受けた法人顧客は、どこか「静岡のお茶を守る同志」、ひいては「お茶文化を守る同志」のような感覚になってくれているという。

一方、「安さ」だけを求める業者は、他社のところに行く。こうして、大塚製茶の価値に共感する法人顧客とともに、「お茶の価値」を伝える「同志」の輪ができ上がっていく。

大塚氏の取り組みの、より重要な点はここにある。価値を伝え、**取引先を「同志」にし**

**ていくことによって、川上から川下まで価値が流れるサプライチェーンが構築されてきているという点だ。**

その点で注目したいのが、長野県で主にドライフルーツなどの食品を扱うBtoB卸業を営む「マルシンフーズ」だ。社長の飯沼健一氏は、この「サプライチェーンの川上から川下まで価値が流れる」ことを「価値のバトンをつなぐ」と言う。

飯沼氏はこれまでも取引先相手に「マルシン通信」という名のニューズレターを発行し、自分や会社についての情報発信を行ってきた。その内容は顧客との関係性を育むため自分たちの日常を描いたものも多いが、飯沼氏自身の仕事論、具体的には付加価値の高いビジネスをどのように実現するかについても言及している。

実際、マルシンフーズは付加価値の高い商品開発を志向していた。しかし一方で、価格が高めであるために、いわゆるディスカウンターや価格に厳しい会社との取引は、これまでなかなか成功しなかったという。

しかし、コロナ禍と今回のインフレで風向きが変わった。かつてはけんもほろろだったディスカウンターが、「ぜひ話を聞かせてほしい」と彼を大歓迎するようになったというのだ。

飯沼氏は付加価値の高い商品開発について、ニューズレターなどで発信を続けてきた。そして、このインフレ局面において、安売りだけではやっていけなくなることに気づいた多くの企業が、「付加価値の高いビジネス」にシフトせざるを得なくなった。「安いものを売る」のではなく「価値あるものを売る」へのシフトだ。

そんなとき、取引先の頭に飯沼氏の顔が真っ先に浮かんだ。あるいは彼や同社スタッフの、価値を中心に語る熱いプレゼンを聞き、これこそわが社が求めていた取引先だ、とにわかに評価されてきたというわけだ。

言うまでもないが、このような立場になれば、無茶な値引きを要請されることなど当然ない。むしろ、一緒に付加価値の高い商品を売っていこうという話になり、単価が上がっていくことになる。こうした活動が実り、マルシンフーズは過去最高益を更新した。

最近の成果を踏まえて飯沼氏は言う。「我々が作り、流すものはあくまで『ワクワクの実』であるがために、その価値のバトンを正しく受け取り、次のステージへ正しく流してくれる方」とともに商売をやっていくのだと。

それは「取引先」というより、価値のバトンを最終消費者に渡す、バトンリレーの「同志」なのである。

## ○価値のバトンをつないでいく

今、私が明治グループの「明治フレッシュネットワーク株式会社（以下、明治ＦＮ）」とともに取り組んでいるのも、まさに川上から川下まで価値が流れるサプライチェーン、価値のバトンリレーの「同志」ネットワークの構築だ。

明治ＦＮの主な取引先は、全国のスーパー・ドラッグストアや、業務用として街の洋菓子店などだ。その数は多い。

ではそれらの売り場、最終消費者への価値のバトンの渡し手が、実際にバトンを渡せているかといえば、いささか心もとない現状だ。これまでお話ししてきたように、価値を的確に伝えられている販売現場はまだまだ少ないからだ。

明治ＦＮに限らず、いわゆる「販社」と呼ばれる会社は長年、メーカーが開発・製造した商品を「卸す」ことが業務だった。そこで売れるか売れないかはむしろ商品力がものを言い、加えてどれだけテレビＣＭを打つか、そういうことで判断されていた。

しかし、時代は変わった。今まさに販売現場こそが価値を伝える最重要な顧客との接点だ。

そこで、明治FNとともに取り組んでいることの一つは、バトンの渡し手である、多くの会社で現在「営業」と呼ばれているスタッフの育成だ。これまで「卸す」ことだった彼らの仕事を、「売り場作りを通じ、顧客に価値を伝え、商品と顧客を育てる」仕事に進化させていく。ここでいう「顧客」とは卸先のことでなく、最終消費者のことだ。

もちろんそれと協働するのは、彼らの卸先、とりわけ各店舗だ。現在は卸先の一部の店舗との協働を通じてこの進化を進めているところだが、さらにこの先に志向していることは、協働先である卸先の各店舗との協働を広げていくことだ。

すなわち「同志」ネットワークの拡充である。

## ◎同志ネットワークを築く大きな意義とは

このような取り組みは、まず、結果としてメーカーの売上を上げるだろう。第2章、第

3章でさまざまな事例をお話ししたが、価値が伝わることで、その商品は時に120倍以上の売上になる。1店舗でのその結果が、まったく同じではないにせよ同様の結果が、その商品が並んでいる全国の売り場で起こったなら、メーカーの売上はどうなるだろう？

明治においても、最近の商品や新商品のみならず、長年の定番品においてもその価値が消費者に十分に伝わっているかといえば、そうでないものも多い。

もちろん明治に限ったことではなく、メーカーは常に、研究段階から始まる創意工夫や試行錯誤、ときに大変な苦労の後に価値あるものを世に送り出しているが、意外とその価値は伝わっていない。さらには回転の早い近年の売り場の宿命から、多くの商品が「育つ」ことなく消えていっているのではないだろうか。だからこそ、こういう取り組みには意義がある。

しかし、それ以上の意義もある。

各店舗それぞれが価値を伝えることに巧みになれば、これまでお話ししてきたように、商品は売れ、価格も正当なものになる。そういう力を付けた店舗の業績は良くなり、商売を持続していけることだろう。そうして、商圏人口800人の町も含め、全国津々浦々に元気な店舗が増えていく。それは、そのサプライチェーンに関わるすべての会社が元気であることにつながるだろう。

　また、そういう店舗は「顧客を見て」おり、そこではメーカーは売り場作りを通して店舗と協働しているのだから、メーカーには顧客（最終消費者）の生きた情報が多く入ってくるようになる。その情報は商品開発などさまざまなことに活かされていくことだろう。「価値のバトン」を受け渡せるサプライチェーン、その「同志」ネットワークを築くとはこういうことなのだ。

　だからこそ、ここで「同志」を募り、そのネットワーク全体の価値創造力を高め、時に大企業である明治が大企業である強みを活かして中小の取引先や関係先をさまざまに支援し、つなぎ、全体として価値を作り出し価値を売ることのできる強力なエコシステムを作ることに意義がある。

　そこにまた、この時代の大企業の果たし得る重要な役割があるのではないだろうか。

# 5・6

# 「顧客の顔」が想像できるような仕組みを作る

## ◎フロー型ビジネスからストック型ビジネスの時代へ

2021年に発刊した書籍『「顧客消滅」時代のマーケティング』において、コロナ禍がきっかけで到来が早まった「顧客消滅時代」に際し、私はフロー中心のビジネスからストック中心のビジネスへの変換を説いた。

フローとストックとは、一般的には経済学、あるいは会計学の用語である。フローとは「流れ」を意味し、ストックとは「貯蓄されたもの」を意味する。マーケティングの世界においては、「フロー＝一見客」「ストック＝常連客」と考えればいいだろう。

もちろん、どちらも同じくらい重要である。常連客が多ければ売上は安定するが、常連客しかいなければ、ビジネスは先細りになる。そもそも一見客がいなければ、常連客も生まれない。

ただ、コロナショックにおいて苦しんだのは、明らかにフロー、つまり一見客に頼り切っていたビジネスだった。街から人が消え、一見客が大幅に減ってしまったことにより、小売店や飲食店はもちろん、そこに商品を提供していた卸やメーカーまで、さまざまな業種が大きなダメージを受けることになった。

一方、ストックを重視していたビジネスは、その影響が比較的小さかった。顧客リストが充実していれば、物理的に店に来られなくなった人に対して通信販売を行ったり、別のサービスを提供することも可能だった。何より、ファンが多い会社や店には、緊急事態宣言が明けてすぐに顧客が殺到することになった。

たとえるならば、フローは蛇口から流れ出ている水であり、ストックはそれが風呂桶に溜まったようなものだ。コロナ禍ではいわば、蛇口からの水が止まってしまった。このとき、水を溜めておいた人はその水を使うことができたが、そうでない人は水が使えなくなってしまった。

## ◎顧客を知らずして、価格の議論は可能か？

このように、顧客がストックされているビジネスは強い。

さらに、このストック顧客との関係性を育むと、そこに顧客コミュニティ、「ファンダム」と呼ばれるものが生まれる。

「ファンダム」とは、熱狂的なファンたちと、その人たちが作り出す世界のことを言い、一般的にはアニメや漫画などのコンテンツのファンコミュニティを指すことが多い。しかし、コロナ禍のような不測の事態にも動じないビジネスを展開している会社の多くも、このファンダムを持っている。

顧客コミュニティ、あるいは「ファンダム」を持つことは、価格上昇時代にも決定的に重要なことだ。ここまで挙げてきた例ですでにおわかりかと思うが、**顧客との強固なつながりがあれば、そこで価格は消滅。値上げを受け入れてもらえるのはもちろん、より高額な商品も喜んで買ってもらえる**ことになる。

本章で紹介したペットサロン「リーデレカーネ」が、値上げしたにもかかわらずむしろ売上が増えたのは、「なぜ値上げをするのか」という理由と価値をしっかり伝えたことはもちろんだが、そのベースに顧客との強固な関係性があったからこそだ。

ただ、それだけでなく、「顧客を知る」という点からも、ストック顧客を持ち、顧客コミュニティを育成していくことは決定的に重要となる。

第4章で「内的参照価格」の話をした。顧客は誰もが自分の中の価格の基準をベースに、「勝手に」その価格が高いか安いか適正かを判断する。つまり、我々もまた「勝手に」顧客の心理を想像し、価格を決めていかなくてはならないのだ。

それを想像するためには、言うまでもなく自分の顧客を知らなくてはならない。

では、あなたには「今すぐ顔が浮かぶ顧客」がどのくらいいるだろうか。

もし、「ほとんどいない」というのなら、それは結構マズい状況だ。

これは特にメーカーや卸に顕著な問題だと言えるだろう。最終顧客と接することが少ないがゆえに、顧客の顔が見えない。当然、それを想像できない。にもかかわらず会議室の中で「この価格は安すぎる」「いや高すぎる」「もう１００円くらい上げても問題ないはずだ」とやりあったところで、それは有益な議論になるだろうか。

## ◎価格に関するリサーチの限界

だからこそ、もしあなたが思い浮かぶ顧客の数が少ないと感じたのなら、早急に顧客とつながってほしい。

方法はなんでもいい。私の会ではニューズレターやメルマガ、ＳＮＳなどで顧客に対して定期的・継続的に情報発信を行う企業が多いが、別にやり方はなんでもいい。

会員組織化を検討するのもいいだろう。顧客に個人情報を提供していただく代わりに、何かしらの価値を提供する。それは値引きや安売りなどである必要はないし、むしろ、そうでない価値のほうが喜んでもらえる傾向がある。

こうしてまずは顧客とつながる。すると、あなたの元には顧客の声がいろいろと入り始めるだろう。直接会う機会も増えてくるはずだ。浜田紙業が好例だが、それはＢtoＢの世界でも同じことだ。

そうして、徐々にあなたの顧客がどんな人物で、何を考えているのかが見えてくる。顔が見えれば、内的参照価格はぐっと想像しやすくなる。それはつまり、「値決め」や「値上げ」がやりやすくなるということでもある。

ただし、これはいわゆる「マーケティングリサーチ」や「グループインタビュー」などとは違うということも付け加えておきたい。第2章で述べたように、顧客には二つの顔があり、人から聞かれれば「安いほうがいい」と答えるのが普通だ。つまり、**こと価格においては「顧客に直接聞く」という手法はあまり効果を発揮しないどころか、間違った判断をする恐れがある。**

だからこそ、あくまで「顧客を知り」「想像する」しかないのだ。そして、その結果は売上が上がるかどうか。実際に価格を上げて売ってみて、売上が落ちない、あるいは上がったのなら「価格を許容してもらえたのだ」ということだし、そうでなければ「許容してもらえなかった」ということになる。

「この価格に値上げしても買ってもらえますか?」とリサーチしたところで、正しい答えは返ってこない。結果がすべてだ。

## ◎誰もが「顧客を想像する」スキルを持っている

「顧客を知り」「想像する」——難しいことのように感じるだろうか？

心配はいらない。なぜならこれは、およその人が体験したことがあるからだ。

たとえばあなたは、親・兄弟や友だち、恋人、妻や夫、恩師など、自分が大切に思う相手のことを「知ろうとし」、その人に何をすれば喜ばれるか「想像した」ことはないだろうか。誕生日プレゼントを選んだり、デートコースを考えたり、相手を祝う席を設けたりしたことはないだろうか。

その経験があるならば、あなたもすでに経験済みだし、特別なスキルを磨く必要もないことがわかるだろう。

では、なぜビジネス社会では、難しいことと捉えられがちなのだろう？

それは「人を見る」という、最も基本的で大事なことが、忘れられているからだ。

毎日「人を見て」ビジネスを営んでいると、日々自然と、顧客のことが頭に流れ込んでくる。それがおのずと相手を知ることにつながり、想像することが易くなる。

常に「人を見て」ビジネスを営もう。あなたの顧客をよく知り、「顧客の顔」が想像できるビジネスを行うのだ。

それが、「顧客消滅時代」にも、「価格上昇時代」にも、最も手堅いビジネスの基盤となるのである。

# 第6章

# 今、目指すべき「マスタービジネス」への道

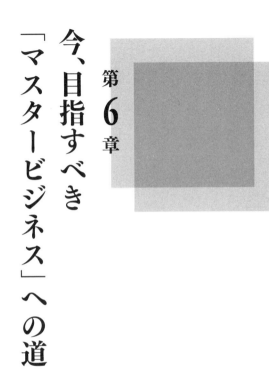

# 6・1

# マスタービジネス化で「価格」から解放される

## ◎商売人はかつて、「マスター」だった？

私がずっと以前から提唱しているコンセプトがある。それが「マスタービジネス」だ。最初にこのことを書いたのは、２００１年刊の書籍『失われた「売り上げ」を探せ！』（フォレスト出版）だから、もう20年以上も前になる。

マスターとは「師匠」のことである。当時、「お客様は神様です」などということが盛んに言われていた。商売人はお客さんをそれくらいの気持ちで扱うべき、ということだが、少し間違えると「商売人は顧客より下の存在である」とも取られてしまう。

だが、それは違うのではないか。売る側と買う側とは本来、対等であり、むしろ商売人は自分の商売の分野においてお客さんよりずっと詳しい。一方、お客さんはお客さんで、自分の知るべきことを知らずに苦労していたり、もっと楽しい世界があるのを知らないいま過ごしている。

ならば商売人はそれを解決すべく、顧客に有益な価値を提供する「師匠」であるべきではないか。その意味においては、お客さんは「弟子」と呼ぶべき存在ではないか。そのような思いが込められたのが「マスタービジネス」というコンセプトだ。

実際、本来の商売の成り立ちとはそういうものであったのではないかと私は考えている。商売は物々交換から始まったと言われているが、その最初の形は、海の近くに住む人に対して、山に住む人が「こんなにおいしいキノコがあるよ」と伝え、それに対して海の近くに住む人が「この魚はこうやって食べるとおいしいよ」などと、教え合いつつ交換が行われていたのではないだろうか。もちろん、それを実証するすべはないが、私はきっとそうだったのではないかと考えている。

マスタービジネスとは同様に、**「お客さんがまだ知らない価値を教える」ことによって、お客さんから対価を得る**こと。「マスター」とは、言い換えると「価値の運び手」だ。

## ◎「欲しいものがない時代」に価値を伝える存在として

昨今ではさすがに「お客様は神様です」などという言葉はほとんど使われなくなっている。商売人と顧客は対等であるという意識も高まっていると思う。時々「モンスタークレーマー」などというものが現れるが、それも社会から強く批判されている。

だが、この「マスタービジネス」の重要性は、価格上昇時代において別のかたちで高まっているように思う。

第2章で私は「資産選好」の話をした。本来はものとの交換手段であるお金を人々が使わないのは、彼らに欲しいものがないからだという説だ。それに対して私は、この説には「半分は真実が隠れている」と言ったが、それはこう考えるからだ。もし、「欲しいものがない」と感じている人がいるのなら、それは「欲しくなるようなものの価値を、我々が伝えられていないからではないか」と。

だからこそ、価値を伝えるというマスタービジネスの役割は、今こそ増しているのではないだろうか。

世の中にこれほど多くの商品やサービスが溢れる中、何にお金や時間を使えば意味ある日々を送れるかを教えてくれる存在、それがマスターだ。

あなたにも経験がないだろうか。それまで欲しいとも必要だとも思っていなかった商品やサービスの価値を、他の誰かから教えられ、自分にとっての価値に気づいた経験が。その結果、今や自分の人生にとって大いに「意味あるもの」になっているものが。

## ◎「メガネの着替え」という新しい世界

私自身の経験を語ろう。

愛知県名古屋市に本社を置く「モンキーフリップ」というメガネブランドがある。もう20年近く前のことになるが、私がその直営店である名古屋本店に行ったときのことだ。

そもそも、なぜ店に行くことになったのか。きっかけは、同社の社長である岸正龍氏が、当会が主催する合宿に参加したときのことだ。その際、岸氏は何本もメガネを持参し、1日のうちに何度もメガネを「着替えて」いた。

同ブランドのデザイナーでもある岸氏だけに「さすが、おしゃれだね」と話題になったが、私には衝撃だった。私には「メガネを着替える」という発想がなかったからだ。

自分で言うのもなんだが、中学生時代にVANの洗礼を受け、そこそこおしゃれに過ごしてきた私だ。もちろん服はTPOに合わせて考えるし、講演などで見られる立場になるときは、どのような印象を与えるべきかを踏まえて服を選ぶことは当たり前だった。

しかし、そんな私でも、メガネは「度が合っているか・いないか」だけで見ていた。だから、多くの服を持っていたのに対して、メガネは一つだけ。それ以上メガネが必要だとも、欲しいとも思ったことがなかった。

そこで後日、モンキーフリップ本店を訪ねた。

店に入った私を、「お待ちしておりました」と店の女性スタッフが応対してくれたのだが、お店に並ぶさまざまな商品は素通り。そして、トレイの上に置かれた一つのメガネが差し出され、彼女は言った。

「今日は、小阪さんにこれをかけていただきたいと思っています」

自分がメガネ店に行って選ぶとしたら、絶対に選ばない、というか目にも留まらない、奇抜な色とデザインのメガネだ。しかし、ひるんだ私に彼女はたたみかけた。

「今日は、絶対にこれをかけていただきたいと思っています」

そうして半信半疑、というかほぼ「疑」でそのメガネをかけたとき、驚いた。

実に似合っていたのである。

それからというもの、足しげくモンキーフリップに通うこととなり、その都度スタッフのみなさんから、「今日はこれをかけていただきたいと思っています」とさまざまな（そしてたいていは意外な）提案をもらった。そして、服と同様にメガネを着替えることは私の人生で当たり前のこととなった。


これぞ、マスタービジネスだ。私にとってモンキーフリップは、知らなかった世界へ誘ってくれたマスターだ。

お客さんに、まだお客さんが知らない買うべきもの、お金と時間の使い方を教える存在。それによってお客さんの新しい日常の扉を開く存在。それがマスターである。

あれからさらに進化を続けているモンキーフリップ。今、本店では、当時のような「これをかけてください」のサービスは行っておらず、店長もより現在のブランドテイストに合った男性となったが、「名古屋から世界へ発信するアイウェアブランド」として、いっそう、マスタービジネスの道を突き進んでいる。

## ◎「あなたには、これ」

私が初めてモンキーフリップの本店を訪ねたとき、「これをかけていただきたい」と決め打ちで言われたという話をした。

この姿勢は、マスタービジネスに特徴的なものだ。「買うなら、これ」「あなたには、これ」と、売り手側が買い手側に決め打ちでお勧めするケースが多いのだ。

第4章でお話しした、ディズニーランドが内的参照価格になっている寝具店「いとしや」の店主・大杉氏は「眠りのマスター」だ。彼自身それを自覚しており、マスターとしてのレベルを上げるため、国内のメーカーはもちろん、海外のメーカーや羽毛の産地にまで行って寝具についての理解を深めている。さらには「人の眠り」について学術的に掘り下げようともしている。

そんな彼の店に置かれている寝具の種類は、実はとても少ない。スペースがないからではない。彼がマスターとして「寝具を買うなら、これ」というものを絞り込んでいるからだ。

たとえば子供用のふとんは、同店では1種類しか扱っていない。お客さんにはさまざまな方がいて、それぞれに予算もあるとは思うが、とにかく1種類。「買うなら、これ」なのだ。

「お客さんに選ばせてはいけない」と言いたいのではない。ただ、マスターは「お客さんがまだ知らない買うべきもの、お金と時間の使い方を教える存在」だ。来店したお客さんは、「自分が買うべきもの」をまだ知らず、「買うべきでないもの」を買おうとしているかもしれない。それに対して間違った「予算配分」をしているかもしれない。ならばマスターとして買うべきものを、そして正しい予算配分を教えなければならない、ということだ。

だからこそ大杉氏は丁寧にその商品の価値について伝える。時にはどうしても安価なものを求めるお客さんもいるが、そんなときは近くの同業者を、その店への行き方まで含めて丁寧に教えるのだという。売ろうとしているのではなく、あくまで「新しい世界があることを伝えようとしている」のだ。

その結果、来店時のお客さんの予算がどうであれ、ほとんどの場合、大杉氏が勧めたものが売れていくという。


このように、**マスターとして新しい世界を示すことができれば、そこに予算は存在しなくなる。**それまで知らなかった価値に目覚めてさえくれれば、価格は価値に従い、お客さんは二つのハードルを越えていくからである。

## ◎田舎の小さな店に「ドンペリ」がある理由

マスタービジネスに関するこんな事例も紹介しよう。第2章でも取り上げた「過疎の町にあるミニスーパー」でのものだ。

このスーパーが立地しているのは商圏人口800人の小さな町であり、店も45坪と小さい。しかし、入ってみると驚く。店構えは一見、ごく普通のスーパーなのに、なぜかワイン売り場が異常に充実しているのだ。なんとあの「ドンペリ」すら置いてある。そして、そうしたワインが当たり前のように売れていく。

その理由は、店主・鈴木氏が長年かけて、ワインの価値を周辺の人に伝えていったからだ。そうして顧客を育てていった結果、どんどんワイン売り場が増えていき、今ではこうした高級品も売れるようになった。

そんな鈴木氏ですら、かつては「うちは田舎だからワインなんてハイカラなものを飲む人はいない」と思っていたし、事実、ワインは3カ月に5本くらいの売れ行きでしかなかった。そもそもワイン自体、ほとんど扱っていなかった。

しかし、ある時から彼はマスターとしてワインの楽しさを伝える活動を始め、長年の取り組みにより、徐々にこの地域のお客さんのワインのリテラシーを高めていったのである。

重要なのはこの「お客さんを育てる」という視点だ。というのも、こちらが価値あるものを売ろうとするとき、お客さんがその価値を十分理解できるだけのリテラシーを持っていることで、その価値がより伝わるようになるからだ。

「お客さんを育てる」のには時間がかかる。だが一方で、人の脳には「可塑性《かそ》」と呼ばれる特徴があり、一度価値を知ってしまったら、元には戻れない。たとえそれまでワインに関心すらなかったとしても、一度ワインの味わい、楽しさを知ってしまったら、知らなかった自分に戻ることはできない。そして店に通い、さらに新しい世界を知り、「ワイン好き」な自分が強化され、どんどんと「価値のわかる客」になっていく。

「お客さんが育つ」とはそういうことだ。

言うまでもないが、そうなればお客さんはより良いもの＝高いものを買うようになる。そして、単価はどんどん上がっていく。

念のためもう一度繰り返すが、これが行われているのは表参道の紀ノ国屋ではなく、商圏人口約８００人の、過疎の町の小さなスーパーである。

人はともすれば、「うちは田舎だから」「お金持ちがいないから」と、高いものが売れない理由を客層に求めようとする。鈴木氏が同業者に自店のこうした事例を話すと、「いやあ、鈴木さんの地域は良い客が多いから。うちはとても……」という反応が返って来ることが多いそうだ。しかし、事実はそうではないことは、あなたにももう、おわかりだろう。

いないのは良いお客さんではない。

「マスター」がいないだけなのである。

## ◎市場が6分の1に縮んでも……

マスターがいることで、お客さんはそれまで知らなかった世界を知り、それを楽しむようになり、「価値のわかる客」に育つ。するとおのずと、より高いものが売れるようになる。その典型的な例をもう一つお伝えしよう。会津若松の呉服店「庵　はづき」という店だ。

呉服市場は、1980年代の1兆8000億円をピークに今や2700億円ほどと、およそ6分の1にまで縮んだ。長年言われてきた「着物離れ」に加え、最近ではコロナ禍によって、成人式などただでさえ少なくなっていた呉服が売れる機会が減り、さらに苦境にある。

そんな中、同店は、平成13年に吉川恵美子氏が自らの呉服好きが高じて開業して以来、順調に売上を伸ばしてきた。

しかし同店に、たまたま着物好きや、暇とお金を持て余した方たちが集まっているのではない。それまで着物をまったく着ていなかった人や普通のＯＬも多い。吉川氏によると、お客さまからよく、「あなたに出会わなかったら、着物にこんなにのめり込むことはなかったわね」と、感謝交じりに言われるのだそうだ。

つまり彼女はマスターなのである。

そんな彼女は、「着物の楽しさを教えていくと、お客さんはどんどんのめり込み、目が肥えていきますね」と言う。とにかく良いものを見てもらうことが大事、と彼女は言うが、そこでは買うかどうかは二の次。「顧客を育てる」ことが重要なのだ。

その結果、より良いもの＝高いものが売れていく店となる。

そんな同店を、着物作家や良い品を多く持つ有力問屋は強く支持し、それによりまた良い品が集まるようになる。そして顧客らはそれらを見て、時に作家から直接話を聞き、また目が肥えていく。

近年、同店では呉服だけでなく、お教室にも力を入れている。着付け教室はもちろん、茶道教室、香道教室、ピラティスの教室までと幅広い。

それも、「お客さんが、呉服とともにより美しく楽しく生きるために、必要なことを教えられるように」とのことだ。

どんどんと縮小している市場でも、人口が減っていく町でも、伸びていく店がある。
そこには「マスター」がいる。
そして、価値を運び、対価を得ながら、価値のわかる顧客を育てているのである。

# 6・2 マスターへの道

## ◎マスターになろうと思うな!?

マスタービジネスの話をすると、「私はマスターと言えるほどの領域には達していません」「どれだけ自分のレベルを高めれば、そう言えるようになるのでしょうか?」といった声が返ってくることが少なくない。

ここには解いておかねばならない誤解がある。第5章でお伝えした文具店・パピルスの「名入れツール」を題材にお話しししたい。

同店では春の入学シーズンに、小学校入学用品を準備する親御さんたちに向け、独自に「小学校入学用品チェック表」を作成するとともに、名入れに役立つさまざまなグッズを「名入れツール」として紹介。「意味」としてまとめて発信しているというお話をした。

これにより、多くのお客さんがこのチェック表や名入れツールを活用し、「どうしたらいいのか」という不安を解消することができた。店としても、場合によっては一人のお客さんに1時間くらい付きっきりになっていた接客状況が緩和された。また、お客さんとの会話も弾むようになり、入学後の勉強サポート商品のご案内にまで話が進むようになったという。

店主・渡邉寛之氏にとっては、「たいしたことはしていない」という認識だが、私はこれは立派な「マスタービジネス」であると考える。いわば「入学準備マスター」「名入れマスター」である。

何が言いたいのかというと、**自分たちにとっては当たり前の情報でも、お客さんにとっては知らないこと、重要なことがたくさんある**ということだ。

つまり、多くのビジネスパーソンはすでに、なんらかのマスターなのである。何か特別な知識や技能を身に付けなければならないわけではなく、今すぐできることはいくらでもある。パピルスの例はそのことを教えてくれる。

映画『マトリックス』に「速く動こうと思うな、速いと知れ（Don't think you are. Know you are.）」という有名なセリフがある。それを引用させてもらえば、「マスターになろうと思うな、マスターであると知れ」ということだ。

## ◎すべてのビジネスが「教育産業」になる

すでにあなたは、「マスター」としての知識を持っている。大事なのは、あなたにとって「当たり前」の知識を、いかにわかりやすい言葉で伝えるかだ。

一例を挙げよう。前述した静岡県島田市の有限会社大塚製茶だ。先ほどはBtoBの事例を挙げたが、「お茶のさすき園」という店名でBtoC事業も行っている。

この店では顧客へ自社商品の価値を伝えるために、さまざまな工夫をしている。中でもユニークなのが、お茶の種類・グレードの差を「お寿司」でたとえるという取り組みだ。「このお茶は寿司でいうところの大トロです」などという説明とともにお茶を飲んでもらうと、お客さんも「なるほど！」となる。そして、「やっぱり大トロだよね」「今日は、中トロと赤身を買っていこうかな」と、価値を理解したうえで買ってくれるようになる。

ちなみにこの店には「さすきランド」という施設が併設されており、子供向けのさまざまな遊具があるほか、レストランや見学コーナー、足湯まである。お店本体よりも広いスペースを取り、現在も拡張中だ。休日ともなるとテーマパークや遊園地のような風情となる。

さらに、地元の幼稚園の子供たちを招待することも多いのだが、そのためのバスまで購入してしまった。

こうした活動はもちろん、将来の顧客作りにつながる。しかし、より重要な視点は、このようにしてお茶の価値を広める「教育」を行っている点である。

私は前著である『「顧客消滅」時代のマーケティング』において、「すべての商売は教育産業になっていく」と書いた。マスタービジネスとはまさに、教育産業に他ならない。

大事なのは、お客さんを価値のわかる顧客に育てていくこと。そうして、違いがわかる人になればなるほど、品質の高いものにはちゃんとそれだけの対価を払うという意識になる。

そのためにはあなたのマスターとしての知識を、どうわかりやすく伝え、教えられるかがカギなのである。

## ◎マスターの矜持

今、お伝えした意味においては、マスターになるには知識はいらない。必要なのはむしろ「矜持《きょうじ》」ではないか。そのような話をしたい。

仙台で住宅・リフォーム・不動産業を営む「株式会社スイコー」。同社では、かねてより「耐震性能を重視する」という社としての考えがあり、お客さんにもその点を訴求してきた。

しかし、しっかりした耐震工事を行うための費用は数百万円に及ぶこともあり、すべてのお客さんが提案を受け入れてくれるわけではなかった。かといって、「地震が来たら家が倒れますよ！」と煽《あお》るようなトークもしたくない。同社営業の千葉由章氏も、どのように価値を伝えればいいのか、迷っていた。

そんな中、2022年3月16日、宮城県と福島県が震度6強の地震に見舞われた。

地震後、彼が顧客に即座に連絡を取ると、耐震工事を施工済みだったお客さんからは揃って、「こちらは大丈夫です」「被害なしです。他の家より揺れが小さかったようです」「工事しておいて良かったと、家族で話してましたよ！」と、感謝の声が寄せられた。

一方、工事をしなかったお客さんは軒並み被害にあっていた。

その状況を目の当たりにした千葉氏は後悔した。これらのお客さんが耐震工事をしてくれなかったのは、「お客さんが『選ばなかったから』ではなく、『お客さんの価値にできなかった自分の責任』」と考えたのだ。

私はその話を聞いて、この思いこそがマスターの原点だと痛感した。

その価値を伝えることが「自分の責任だ」と考えれば、伝える姿勢も変わってくる。「売らんかな」ではどうしても強くお勧めしにくいという人でも、「これを伝えなければお客さんに損失を与えてしまうかもしれない」と考えれば、自然と言葉に説得力が生まれ、「どのように伝えればいいのか」を考えるようにもなるだろう。

「お客さんが『選ばなかったから』ではなく、『お客さんの価値にできなかった自分の責任』」――そう思うところから、マスターへの道は始まるのである。

## 6・3 ビジネスを守ることは、文化を守ること

### ◎自分のサービスを守ることが、文化を守ることになる

私がマスタービジネスの重要性を訴えるのは、それが価格上昇時代に生き残るための極めて重要な手段になる、ということだけに限らない。

それは我々が誇るべき「技術」や「伝統」を守ることにもつながるからだ。

東京都板橋区に「坂井善三商店」という、自家製漬物製造小売業を営む店がある。実に多くの種類の漬物を扱っているのだが、店主・坂井清峰氏によれば、さまざまな種類の旬の野菜を時期に合わせて漬け込んで、年間を通じてほとんど自家製のものを売る漬物製造小売業は、およそ彼の知る限り、東京都内で自店だけだという。漬物店なら都内にいくつ

もあるが、他のところは皆、自家製はごく一部、あるいはすべて仕入れたものを売っているのだという。

「仕入れて売る」ことがいけないと言いたいわけではない。

もし、坂井氏の店がなくなってしまったら、その技術や伝統は、そこにある「価値」はどうなってしまうのか、ということだ。

私が坂井氏の店を実際に訪ねた際、大変印象深いことがあった。私と入れ替わりに店から出てきた、20代前半とおぼしきファッショナブルなカップルが、すれ違いざまに実にしみじみと、こうつぶやくのを耳にした。

「いい店だったね〜」

私の知人にも坂井氏の漬物のファンは多い。漬物はまったく食べない子供が、坂井氏の店の漬物は喜んで食べるという話もよく聞く。

坂井氏の提供しているものは確かに、商品としては「漬物」である。しかし、それは確実に、社会を豊かにしている。私はそれこそ「文化」と呼ぶべきものだと考えている。

そしてその「文化」が今、急速に失われつつある。

たとえば前述の大塚製茶の大塚氏も、「急須でお茶を入れる人がめっきり減ってしまった」と話す。茶葉製造の際には、急須用にはそれに適した製品を作り出している。もし、「急須でお茶を入れる」という文化が失われれば、その茶葉製造の文化が丸ごと失われてしまうことになる。

近年の産業構造の変化、生活様式の変化の中で、消えゆこうとしている技術や伝統は少なくない。

## ◎ビジネスの持続可能性に「マスタービジネス」は不可欠

昨今のバズワードである「ＳＤＧｓ」。持続可能性があらゆる分野に求められているが、ビジネスに関しても同様だ。環境を持続可能にするだけでなく、生活も、そしてビジネスも持続可能にすべきという意識が非常に高まっている。

コロナ禍直前の話だが、アジア各国から中小企業の経営者が多数来日して日本の経営学を学ぶという講義シリーズがあり、私がマーケティングの講義を請け負った。そこで話したのがこの「ビジネスの持続可能性」の話だった。

そこでの私の話の骨子は、「ビジネスにおける持続性とは、十分な顧客がいてくれて、その人たちが買い続けてくれることだ」というごくシンプルなもので、それを各企業が実現していくための実践的なマーケティング理論と手法を、本書のように多くの事例を挙げながら講義したのだが、非常に感銘を受けたと多くの経営者たちから評価してもらった。

私はビジネスの持続性のためにもこの「マスタービジネス」が不可欠だと考えている。売る側がマスターとして価値を伝え、顧客がその価値を理解できる「良質な顧客」としてその価値を支持し、適正な価格で買い続ける。

そのサイクルを回すことで、自分のビジネスを、ひいてはそのビジネスによって実現している「文化」を守ることにつながる。私はそう信じている。

第1章において私は、このまま安売りの呪縛から逃れられなければ、日本の国としてのレベルが下がってしまうということを問題視した。マスターの存在こそが、日本文化の今後のカギを握ると言っても過言ではない。

## ◎そして桜は満開になった

「マスターになる」とはそれほど大げさなことではなく、あなたやあなたの会社自身がすでにそうであることに気づき、その道を意識して歩むことが大切だ。

そうして歩んだ先にどんな世界が待っているのか、一つの具体的な姿をお見せしよう。

最近、北海道新ひだか町の靴店「フットルース」が10周年を迎えた。

この店はもともとショッピングセンターに入居していたのだが、10年前にそのショッピングセンターが破綻。路面店として再出発したのだが、その際、「足に負担をかけない靴の大事さ」に特化した靴店として再スタートした。

以来、マスターとして、「足に負担をかけない靴の大事さ」を伝え、「足もとからの健康」をともに考えてもらえるよう、努力を重ねてきた。

10周年にあたり、店主・妹尾巨知氏は、まず、ありきたりな「10周年記念大セール」や「大創業祭」はやらないと決めた。この店らしくないからだ。そして、セールやプレゼントなどお客さんに喜んでもらうのではなく、この際、お客さんに祝ってもらおうと考えた。ちょうど春、桜の季節だったこともあり、「桜の花びらにお祝いの言葉を書いてもらって、それをウィンドウに貼ろう！」と思いついたのだ。

そうして毎月発行しているニューズレターでお客さんに呼び掛け、桜色の花びらの形をした用紙と封筒を同封すると、続々と返ってきた。

注目すべきはその内容だ。

「おかげさまで、少しずつ足の知識を身につけています。そして気がつけば足もとから健康を考えるようになっていました」

「ウォーキングの大切さを思い知らされました」

「70才にして初めて足のケアーの大切さを教えていただきました」

多くのお客さんが、彼に何を教わったかを、感謝とともに書いていた。

同店は靴店だ。しかしお客さんにとっては、それ以上に、「靴の大事さ」「足もとからの健康」を教えてくれるマスターなのである。

そして10周年を迎えた店のウィンドウは、お客さんからのメッセージ入りの桜色の花びら用紙で、まさに満開の桜のごとく埋まったのだった。

あなたもマスターになろう。お客さんも、誰かが知らない世界を見せてくれることを、待っているのだから。

あなたのビジネスを、よりマスタービジネスに近づけることができれば、この価格上昇時代に値段を気にせずビジネスができる。

それだけでなく、妹尾氏の店のウィンドウの満開の桜が示すように、顧客に愛され、信頼され、喜ばれるビジネスを営むことができるようになるのである。

# 第7章

# 「値決め感性」の磨き方

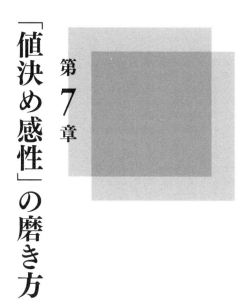

## 7・1

# 感性を磨くための三つのコツ

### ◎値決め感性はどうやって磨くのか

本書ではここまで、これからの「価格上昇時代」にどう対処するかについてお話ししてきた。しかし、ひょっとするとこんな不満を持つ人がいるかもしれない。

「結局、いくらにするかというのは、顧客を見たうえで自分で決めなくてはならない。どのように価格をつけるのか、手っ取り早い公式のようなものがないのか」

その質問にお答えするとなると、「ない」と言うしかない。

なぜなら、「どの商品に、どのくらいの価格をつけるのか」は結局、「感性」の世界になるからだ。

今までの価格設定はまさに、「原価率を3割に」などという基準を元に、自動的・機械的に価格を決めるというものであった。しかし、そういった価格設定は工業社会が終わり、「意味合い消費」の時代になった今、価値を持たなくなっている。

そして、意味合い消費の時代に重要になるのは、顧客の感性だ。

ということは、**売り手側もまた「値決め感性」のようなものを磨いていく必要があるということになる。**

「値決め感性」とは、単に「適切な値段を決められるスキル」のことではない。顧客が価値と感じるものをキャッチし、それに適切な値を付け、その価値をお客さんに伝えられる力のことだ。「値」という狭い次元でのことにとどまらないゆえ、本来は「価値創造感性」とでもいうべきだろう。

たとえばティナズダイニングの林氏は、卸業者からみかんの味がする「みかん猪」の話を聞いた時、ピンときた。そして、以前のぼたん鍋より高い3500円という値段で世の中に送り出し、年間1300食も注文される大人気商品として育てることができた。

しかし、それ以前にもこの猪の話は聞いていたはずだと、林氏は言う。しかし、その時はピンとこなかった。つまり「値決め感性」が働かなかった。

だが、私の会で学び、いろいろな事例を見聞きするうちに、いつの間にか「感性」が磨かれ、ある時「ピンときた」。

そう、感性は磨き、高めることができるのである。

## ◎「やってみる」ことで訪れる変化とは?

では、どうすれば感性を磨くことができるのか。

それにはまず、「自分でやってみる」ことだ。

たとえば、「ある商品の価格を〇〇円まで上げてみよう」と考える。そして、その価値をどのように伝えるかを考える。そして、実際に試してみて、お客さんの反応を見る。

うまくいくこともあれば、失敗することもあるだろう。うまくいけばそのまま進めればいいし、失敗したら「なぜ失敗したのか」を考えて、再度新しい価格や伝え方でチャレンジする。

これを繰り返していると、あなたの感性はスパイラル状に上がっていく。なぜなら、あなたの脳はそのようにできているからである。

第６章の「ワインのリテラシー」のくだりで、「脳の可塑性」の話に触れた。これは、あなたの感性を高めることにも深く関わっている。

東洋大学教授であり、脳の可塑性の研究者である児島伸彦氏によれば、脳内にはニューロンと呼ばれる神経細胞がシナプスを介してつながっており、電子回路のようなネットワークを作って情報を伝達しているという。

ただ、電子回路と違い、シナプスはその人の経験や学習を記憶し、変化する。そして、シナプスを大きくしたり小さくしたりして、情報の伝わりやすさを操作している。このシナプスの変化を、「シナプスの可塑性」という。

これによって、たとえば初めて自転車に乗るときはうまく乗れないが、何度も転びながら体の動かし方を学習することで、いずれ乗れるようになる、ということが起こる。

つまりは、「やってみる」→「考える」→「またやる」を繰り返していると、あなたの脳は自動的に「できる」脳になっていくのである。

そして、「可塑性」という言葉の通り、一度シナプスが強化された箇所については、そう簡単には戻らない。自転車に乗れるようになった人が、しばらく自転車に乗っていなくても乗り方を覚えているのもまさにこの可塑性ゆえである。つまり、一度「できる」ようになると、ずっとできるようになる。

あなたの感性が一度上がってしまえば、そう簡単にまた下がることはないのである。

## ◎「評価主義」と「実験主義」

繰り返しになるが、だからこそ重要なのは「まず、やってみる」ことだ。

私は今のような仕事を始めてもう30年ほどになり、その間本当にたくさんの、数にすればおそらく何万人、何十万人——1回の講演が1000人以上、一つの講座が数年間で5000人以上の参加人数になることもあるので——という経営者やビジネスパーソンに接してきた。

そんな経験から強く思うことがある。それは、話を熱心に聞いてくれたり、本を熱心に読み込んでくれたりする人はとても多いのだが、一方で、**聞いたり読んだりしたことを「自分でもやってみる」人になると途端にがくっと数が減る**のである。

しかし、脳の可塑性についてお話ししたように、「自分でもやってみる」ことなしに、自分の力を高めることはできない。

あるとき、私の会に入会して間もない方から、なるほどと思わせる話を聞いた。人にはどんどん行動して成果を上げられる人と、なかなか最初の一歩を踏み出せない人がいるのだが、その差は、「実験主義」か「評価主義」かの違いにあるのではないか、という話だ。

評価主義では、やってみて「できたか・できなかったか」が重要になる。その結果、「できなかった」――すなわち失敗を恐れるようになる。そして、「やってみる」に踏み出すことができなくなる。

一方、「実験主義」なら文字通り、やってみたことはすべて「実験」。だから注目するのは「できたか・できなかったか」ではなく、「やってみて何がわかったか」となる。

これは大変興味深い指摘であり、まさにその通りだと思うのだが、加えて、申し上げたいことがある。

確かに多くの人は評価主義的である。加えて近年の、手っ取り早く答えを探す風潮も拍車をかけている。しかし、当初はそうした性質の人だったけれど、その後、「できる」ようになっていった方や会社を私は多く知っている。本書に事例として登場してもらった方々の中にも、そうした人は大勢いた。

## ◎「顧客の声」を力にする

では、評価主義的な人が実験主義的に変わるには、すなわち、「どんどん実践して成果を上げられるようになる」には、どうしたらいいのか。

実は、そこにはコツがある。

そのコツの一つは、**「顧客の声を力にする」**ことだ。

第5章でお話しした浜田紙業の事例を思い出していただきたい。同社の事務スタッフが始めた「ひと言メッセージ」が顧客との関係作りに大いに役立ち、単価アップにもつながったという話だ。

実はこの活動が広がったきっかけは、最初にこのひと言メッセージを自主的に始めたスタッフに、お客さんからポジティブなハガキが届き始めたことだった。それが繰り返されるうちにこの活動はどんどん広がり、ついには全社的な活動になった。

お客さんからなんらかのポジティブなリアクションがあると、モチベーションが大きく上がる。そしてどんどん「やってみたく」なるのである。

これはなにもスタッフに限ったことではない。経営者も同じだ。第5章でお伝えした「いとう」の高村氏も、お礼のハガキを書き始めて半年くらい経ったころ、営業社員から「お客様を訪問したとき、『おたくの社長からハガキをもらったよ！』と言われた」との反応が増え始め、それが大きなモチベーションになったと語っている。

これはいわゆる「ポジティブ・フィードバック」と呼ばれるものである。喜びの声を聴くと、人は自分のやっていることが「喜ばれている」「役に立っている」と感じられる。そして、自己肯定感を高めてくれる。私はそれを「魂のごちそう」と呼んでいる。

そういう意味で、まずは「お客さんの声を聴く」あるいは、「お客さんの声を聴く仕組みを作る」ことが、感性を磨くために重要なことだろう。

というのも、昨今の会社ではこの「お客さんの声を聴く」仕組みがないところが非常に多い。クレーム処理や問い合わせ窓口がある会社は多いが、それでは「喜びの声」は集められない。

私の会の会員には、日々の接客を通じ、意識してお客さんの喜びの声を拾っている店や、お客さんに「あなたさまの喜びの声が、私たちの何よりのはげみです！」などと働きかけ、喜びの声を収集している会社などが多数存在する。

## ◎人は一人では「行き詰まる」もの

二つ目のコツは、**「一人でやらない」**ことだ。

人間、一人で思いついたり、発想できることには限りがある。そして、行き詰まっては一人、悶々《もんもん》とする。

私もこうして本を書いていて、一人だとどうしても行き詰まってしまうことがある。そんなとき、編集者と話し合ったり、同じトピックを友人・知人と語り合ったりすると、大いに気づきがあり、突破口が開ける。感じていた閉塞感もパアッと消えていく。

私は「実践会」を主宰してもう22年になる。この会は単なる異業種交流会ではないし、ビジネスサロンでもない。学術研究において「実践コミュニティ」と呼ばれるものであり、「集団的知性」を活かすことを目的とするものだ。

この会では、一方通行で知識を学ぶだけではなく、参加者が自分の活動を報告し合うことを重視している。こうした「場」につかることで、自分一人では思いつかなかったことが思い付き、解決できなかった問題が解決したり、あるいは解決の糸口を見つけたり、気づけなかった過ちに気づけるのだ。

さらに今回のコロナ禍で、「場」の重要性について、気づかされたことがある。

最初の緊急事態宣言が出された2020年4月7日から宣言が解除されるまでのほぼ毎日、私は会員らとオンラインミーティングを行った。コロナ禍はそれほどまでに大きな事態だと考えたからだ。

多いときには200人以上が参加し、毎日顔を合わせることになった。その中で改めて、気づいたことがあった。人はそういう「場」にいるだけで、元気になるのだ。

コロナ禍でお客さんが消えてしまった、お店も開けられない、この先どうなるかまったくわからないという不安の中、こうして毎日顔を合わせることによって救われたという人が多数いた。

人にとって「一人でやらない」ことは、思っていた以上に大切なことだったのである。

## ◎面白がるからこそ、感性が磨かれる

そしてもう一つ、とても重要なコツを言おう。

それは、**「面白がる」**ことである。

私の共同研究者でもあり、当会を「実践コミュニティ」の好例として研究してくれている慶應義塾大学の井庭崇教授の著書に『ジェネレーター』（学事出版）がある。今日の人財育成、組織育成に実に多くの示唆が得られ、「感性を磨き、高める」ことに直結するヒントも満載の良書だ。

その中に、本書の共著者である市川力氏が、小学生とのプロジェクトについて語っている箇所がある。プロジェクトが単なるお勉強になるかそれ以上のものになるかどうかの分かれ目は「面白がる」ことだという指摘の後、このように続く。

「『面白がる』というのはわざわざ面倒なことにのめりこむことだ。とりたてて楽しくもなく、心地よくもない。なんでこんなことをやらなきゃいけないんだというようなことなのに、やらずにはいられない。つらいんだけど楽しく感じてしまう。やがて子供たちはこ

の状況を『つら楽しい』と呼ぶようになった」

長年実践コミュニティを主宰してきた私には、この表現はまさに、我が意を得たりであった。

当会の会員もよく「実践は楽ではないけど、楽しい」という言葉を口にする。そして「つら楽しく」なってくると、「やる」ことにワクワクしてくる。まさに「やらずにはいられない」。だから評価主義的だった人も実験主義的になっていくし、「やる」が続くようになる。

値決め感性を磨くためには「実践」あるのみだ。それは成功ばかりではなく、時にはしんどいこともあるだろう。あらゆるものの価格が上がり、思うように値付けができない状況ではなおさらだ。

しかし、それを面白がり、続けることで「つら楽しい」状況に至ることができれば、「やる」は必ず継続することができるのである。

## 7・2

# 自分のビジネスを「アート」に高めていく

### ◎ルネサンスと近代のアートの違いとは?

横浜美術館にて渉外担当を務める襟川文恵さんと対談をした際、非常に感銘を受けた話がある。それは、アートとビジネスと価格の話だ。

ルネサンス時代、アートを発注するのはメディチ家などの大金持ちだった。ダ・ヴィンチやラファエロ、ミケランジェロといった偉大なアーティストに、「こんな作品を作ってください。お金はこれだけ払います」と発注する。そこには当然、発注者の好みが入り込む。この3人の作品は、それぞれ個性はあるとはいえ、やはり共通点が多い。それは、発注者の好みの枠の中で作品を作らねばならなかったからだ。

ところがその後、アーティストたちは自分たちで作りたいものを作るようになり、それを顧客が買うようになった。それをいくらで売るかはアーティストの自由。つまり、価格決定権が発注者側から制作者側に移ったわけだ。

するとと、作品も個性豊かなものになっていく。モネやピカソ、マティスなどの作品は、誰が見ても違いがわかる。つまり価格決定権が制作者側になったことで、アートの世界はより多様に、より魅力的になったということだ。

そして、**アートの特徴は「原価から自由である」**ことだ。

茶碗を例に取れば、１０００円くらいで売っているような茶碗と、数万円するような陶芸家の作品で、製造原価はあまり変わらないだろう。しかし、10倍以上、ことによっては１０００倍以上の値段の差が付くのは、後者が「アート」になっているからだ。

つまり、自分のビジネスを「アート」にできれば、原価にとらわれることなく、価格を自由に決めることができるようになるということだ。

## ○自分のビジネスをアートにしていく

アートなどというとハードルが高そうに思われるかもしれないが、実際には、どんなものでもアートになりうる。それを象徴するのが、美術評論家・柳宗悦の「民藝（民衆的工芸）」という概念だ。

柳は、風土から生まれ、生活に根ざした民藝には、用に則した「健全な美」が宿っているとし、そこに新しい美を見出した。そしてそれは、「工業化が進み、大量生産の製品が少しずつ生活に浸透してきた時代の流れ」（日本民藝協会公式サイトより）を意識したアンチテーゼでもあったという。

くしくも本書で提示した「価格上昇時代」の発想は、工業社会へのアンチテーゼという意味で一致する。

第6章で紹介した「坂井善三商店」の坂井氏が生み出しているのは、単なる「漬物」というより、文化そのものであり、アートである。宗禅・山本氏が生み出す「あられ」もそうだ。

彼らが特別なのではない。世の多くの製造者や職人が生み出しているものも、その多くが実はすでにアートなのではないだろうか。

アートは「もの」に限らない。ディズニーランドと比較される「いとしや」や、唯一無二の体験価値を提供するティナズダイニングのジビエ料理店、すべてがアートだ。

自分のビジネスをアートにするためには、何よりもまず、感性を磨くためにアートに触れることだ。先の襟川氏も、ビジネスパーソンこそ足しげく、そして気軽に美術館に足を運んでほしいと言っている。

そうして感性を磨くとともに、自分の扱っているものをどうすればアートに近づけられるか、考えてほしい。**あなたの「作品」をよりアートに近づけることができれば、それだけ価格の呪縛から逃れることができる**のである。

## ◎時間を確保する、仕事時間を短縮する

そのためにまず、すべきことは何か。とても単純なことだが、まず「時間を作る」ことがとても重要になる。

「過疎の町のミニスーパー」の店主・鈴木氏は、最近、定休日を1日増やして週2日にした。具体的には水曜定休だったものを、火・水の2日を定休日にした。

スーパーという業種で「休日を増やす」のは特異なことだ。小売業にとっては開けている時間が長ければ長いほど、本来的には有利だからだ。

ではなぜ、定休日を増やしたのか。氏曰く「1日は完全休養、1日は準備」だという。つまり、増やした休みの1日は、店は開けずに準備をする日と位置付けたのだ。

彼は元々、「たのしい店」を作ることを志向しているが、時間が足りずにやりたいことがやりきれず、それに悩んでもいた。

そこで、お店に来たお客さんに楽しんでもらうための準備をする日を設けることで、もっと価値を高めようと考えたのだ。この日は売り場の変更や掃除はもちろん、ＰＯＰや飾

りつけの改善や情報発信など、さまざまな準備に当てた。

そんな鈴木氏も、当初はずいぶん悩んだという。確かに、週休２日のスーパーなど聞いたことがない。定休日を増やしたら、さすがに売上は落ちるのではないか。

結局、決断するまで３年かかったそうだ。

しかし、やってみたところ、売上は落ちるどころか過去最高を更新した。そしてその後も、売上も客数も落ちていないという。

「今のお客さんは自分が思っている以上に『たのしさ』の比重が高い」とは、本人の弁だ。鈴木氏は今では、週休３日すら視野に入れているという。

最近、ヤフーが週休３日制を打ち出した。ヤフーのような最先端のＩＴ企業と、地方のスーパーがくしくも同じ方向を向いているというのは、極めて興味深い現象である。


ここで何が言いたいかというと、**値決め感性を磨くためには「そのための時間を作る」ことが必要**だということだ。

会員企業のさまざまな工夫、そしてその成果を知った人からよく言われることがある。

それは「ぜひやりたい。でも、それをやる時間がない」というものだ。

しかし、それを言い訳にしていては、いつまでたっても何もできない。ここはもう、「時間を作る」と決めて、その時間を確保するしかないのである。

## ◎時間を作り「人」に投資せよ

コロナ禍もあって最近は減っているが、かつては少しでも売上を増やすため、深夜営業や24時間営業をする店が多かった。しかし、先ほどの例のように、これと逆の動きが会員たちの間では起きている。

たとえばティナズダイニングは、単価を上げられたおかげでランチ営業を止めた。深夜営業もやめた。だからこそ、空いた時間は休養も含め、価値創造のために使える。

別の角度から見れば、営業時間を少なくしても売上・利益が増えているということは、生産性が上がっているということだ。そして、短くした時間の代わりに、その時間で投資をしてより顧客を楽しませられるようになっていく。

鈴木氏のスーパーの準備というのは、もちろん店の清掃の徹底などもあるが、たとえばスタッフを連れて農家に行き、販売する野菜のことをもっと知るなどの活動も含まれる。技術を上げる、知識を深める、より良いものを探す、自分たち自身も楽しい体験をする。すべてが価値を上げることにつながる。

この店はかつて、年中無休、営業時間は朝8時から夜8時までだったが、そのような中ではとても、こうした活動はできなかっただろう。しかし、それをやらないと自店が提供できる価値は上げられないのだ。

そして、休みを増やすためには、正当な対価をもらうことが重要だ。つまり、価格を上げる必要がある。価格を上げ、正当な対価を得て、無理のない働き方をして、さらに価値を上げる。このサイクルを回していくことをぜひ、心掛けていただきたい。

## ◎人への投資が最大の「価格戦略」

そしてあなたが経営者や店長、役員クラスなら、ぜひとも意識していただきたいことがある。それは、「結局は人に投資することが、価格上昇時代には最も大事になる」ということだ。

昨今はＤＸが花盛りだ。しかし、ＤＸで業務の効率化や高精度化、コストカットはできても、ビジネスの本質的な価値を上げることはできない。ビジネスの本質は「顧客×購入」、それも「持続的な購入」であり、特に意味合い消費の世界においては、買い続けるに値する意味を持続的に提供できるかどうかが肝となる。ここができなければ、いくらＤＸを推進したところで、意味はない。

そして、「買い続ける意味の持続的な提供」、それこそが「人の仕事」ではないだろうか。

もちろん、ＤＸは否定しない。本書で述べた「文化を守る」という点でも重要だ。働き手が少なくなった養蚕業の世界でＤＸを進めたところ、これまで10人で数日かかっていた仕事が、６時間未満に短縮され、しかも一人でできるようになったという話もある。こういうことにより守られていくものもある。

しかし一方で、ＤＸによって「人の仕事」ではなくなっていくものもある。オックスフォード大学などによるさまざまな研究では、ＡＩが近い将来、人の仕事の多くを代替していくとされている。仕事そのものがなくなる場合もある。

人がＡＩの指示で動くことも増えている。セールスの世界ではすでに、今週どの客にアプローチすべきかを指示してくれるＡＩがあるし、物流業界なら、荷物を積むべき順番をアドバイスしてくれるＡＩもある。このようなことは、あらゆる業界に広がっていく。

そんな中、「意味を持続的に提供する仕事」は、人の仕事として、ますます重要になっていく。常に顧客を見て、意味を生み、価値を伝え・教える、そういう仕事がなされているからこそ、お客さんは持続的に買い続けてくれるのだ。

だからこそ、企業は人に投資をするべきだ。そういうことのできる人の育成、そこへの投資が、結局は自社のビジネスの持続性に投資することになる。

小規模事業者であれば、それはまさに自分自身への投資ということになる。そこに自社・自店の未来がかかっているのである。

## 終章——今こそ自分たちの「存在意義」を問い直すとき

### ◎「あなたでなくてもよい」から「あなたでなければ」へ

本書ではここまで、「価格上昇」時代にどう対応するかについてお話ししてきた。今起こっている物価上昇は一過性のものではない。その時代に対応するためには、長年染みついてしまっている「値上げは悪」という意識を根底から変えていかねばならない。

そして、その大前提となるのが「価値を高め、伝える」ということ。本書ではその視点から、価格設定の方法、値上げの作法、マスタービジネス化の方法などをお伝えしてきた。

ただ、本書でずっと語ってきたことの本質は、単なる「値上げの対処法」ではない。先行きがまったく見通せないこれからの過酷なビジネス社会で、どう自分のビジネスや仕事を存続させていけるか、その根幹に関わることだ。

その「根幹」とは「あなたの存在意義」である。

第7章で、DXがどんどん進んでいくこの社会において、「意味を持続的に提供する仕事」は、人の仕事として、ますます重要になっていくとお伝えした。

そしてこの仕事には、これからの時代、「人の仕事」としてさらなる意味がある。

AIの指示を受けて行う仕事などは、どうしても「あなたでないとできない」という色が薄れていく。むしろ、誰がやっても同様の効率や精度でやれることにこそ、DXの意味がある。

そういうビジネス社会は、人にとってどういうものになるのだろうか。

社会学者・宮台真司氏と経営学者・野田智義氏は、著書『経営リーダーのための社会システム論』(光文社)の中で、「システム世界の全域化」「過剰流動性」「入れ替え可能性」という概念を使い、この問題を論じている。

システムがビジネスからプライベートまで全域を覆い、誰もが入れ替え可能な存在となり、過剰に入れ替えが起こる社会において、人は自分の存在意義を失っていく。たとえば、AIの指示に誰もが同じように従えばいいとなれば、今日の仕事を明日、別の人がやっても何も問題は起こらない。雇用する側はいつでも入れ替え可能であり、雇用される側はいつでも「あなたでなくともよい」となる。

たとえばネット通販における売り買いでも、多くはそうなっている。今必要があるものを、ぱっとスマホを取り出し、即座にネットで注文する。必要なのはその便益だけであり、どの店で買ったかすらも覚えていない。

いつでも替えのきく存在であり、「あなた」が「あなたでなくてもよい」こと、それは、言い知れぬ不安の種ではないだろうか?

## ◎この「不安のなさ」はどこから来るのか?

本書冒頭にご登場いただいた「バリュー通販」の久保氏から、こんな話を聞いた。

彼ら通販事業者にとっては、今回の値上げラッシュと同様のことが、実は少し前にもあった。

2017年、運送業者各社が、荷物量の増加による人員不足や労働環境改善のため、契約運賃の一斉大幅値上げを行った。世に「宅配クライシス」と呼ばれた出来事だ。

彼の会社の契約運賃も、一気にそれまでの2〜3倍に跳ね上がった。

通販会社にとって契約運賃は生命線、それを断たれてしまったと感じた当時の彼は、この先やっていけるのか不安で胃が痛くなる日々だった。その頃をよく知る妻によれば、「あの頃はずっと塞ぎ込んでいた」のだそうだ。

しかし今回、当時以上の値上げラッシュの中、彼は言う。不安はまったくない、と。

なぜか。その理由は、彼によると、次のようなことだ。

彼は、本書で語られていることを学ぶにつれ、今までの自分がモノや価格ばかりを見ていたこと、人を見ていなかったことに気づかされたという。そしてそこから、少しずつ「安売りしてモノを動かすだけの通販」から、「愉しさを提供する通販」に軌道を変えていった。

そうして間もなく、「楽しく買い物ができました！」と、共感してくれたお客さんから温かいメッセージがたくさん届くようになり、この路線で良いのだと確信。徐々に他店の販売価格を気にすることもなくなった。

そんな折、昨年末頃から、卸価格値上げの通達が始まった。当初は、今年春頃には値上げの波も収まるだろうと楽観的に考えていたが、今もなお値上げの通達は止まらない。

そうして今や仕入れ値は「時価」となり、前回は運送事業者から、今回はメーカーからの値上げラッシュとなったのだが、宅配クライシスのときのような不安は一切なく、スムーズに販売価格に反映させることができているという。

彼の「不安のなさ」の根っこにあるもの、それはなんだろうか？

## ◎「入れ替えのできない存在」になるために

同じく本書冒頭にご登場いただいた酒店「朝日山千葉悦三商店」の千葉氏も、今日の情勢に特に不安は感じていないという。実際、同店でも値上げは始まっているが、業績に悪影響は出ていない。

千葉氏いわく、同店で扱っている酒はすでにネットでいくらでも手に入るもの。同店自体、都心にあり、周りに酒を売っている店はいくらでもある。

しかし、と彼は言う。「先日も、『今日は鯵を買ってきたんだけど』と、常連さんが買い物の帰りに立ち寄ってくれて、あるワインをお勧めしました」。聞くと同店ではそういうお客さんは多く、この店は彼らの生活の中に根差している。他で買えない商品があるわけでなく、他よりも安いからでもない。しかし、しっかりと根差している。

「仕入れ値が上がれば上がったで価格を上げて、自分はしっかりと、より価値ある店になっていくよう、精進していくだけです」と千葉氏は言う。


第6章の終わりにお伝えした靴店、「フットルース」もそうだ。

10周年のお祝いの花びら用紙には、多くの感謝の言葉があったとお伝えした。それに加え、多くの用紙には、次のような言葉が続いていた。

「いつでも行ける信頼できるお店があって幸せです」

「フットルースは町の宝です。ぜひこれからの10年も歩んで下さい」

「いつまでもそこに店があって、妹尾夫妻がそこにいて欲しい。そこがフットルースであって欲しいと思っています」

店主・妹尾氏らはお客さんにとってマスターだ。そして同時に彼らは、お客さんにとって、「彼ら」でなくてはならない、入れ替えできない存在だ。そういうかけがえのない存在として、しっかりとお客さんの生活の中に根差している。

そして、だからこそ、彼らには「不安がない」のである。

## ◎「存在意義」こそが、価格の原点

宮台氏らは先の本で、「システム世界」の対比概念として「生活世界」を挙げた。「生活世界」とは、氏によると「地元商店的」でありコミュニティ的なもので、そこでのコミュニケーションも人間関係も、「顔が見える」ものだ。以前、人の社会は生活世界とシステム世界がうまく混在していた。人間が人間らしくいられ、自分が「自分」である場所があったのだ。

しかし今や急速にシステムが社会全域を覆い、人間社会はきしんでいる。そんな中で訪れた「価格上昇」時代は、われわれに問いを突き付けている。

私の周りでマスタービジネスに踏み出した人が、よく口にする言葉がある。それは、「仕事が楽しくなりました」というものだ。実際、本書に登場するすべての方が、この言葉をよく口にする。

言うまでもないが、仕事とは楽なことばかりではない。むしろこの社会で仕事を続けていくことは、つらいことのほうが多い。それを「楽しい」というのは、まさに「つら楽しい」そのものだが、なぜ、彼らは仕事が楽しくなったのだろうか。

「業績が良くなった」ことは、もちろん理由の一つだろう。しかしそれ以上に、そこには、自分たちがお客さんにとって入れ替えのきかない、かけがえのない存在になっていくことの喜び、自分の存在意義をひしひしと感じられる喜びがある。

値上げできる、ということもそこに通ずる。

価格が上がっても、他社より高くても、あなたにこの仕事を頼みたい、あなたから買いたい、あなたが生み出すものにはその価値がある、そう思われるからこそ、値上げは可能だ。

そういう意味では、「価格上昇」時代とは、そういう存在になれるかどうかが問われる時代とも言える。

ただ、その「問い」は「機会」だ。今、問い始め、動き始めればいい。すべては今の一歩からなのだから。

そしてここまでお話ししてきたように、そういう存在には誰もがなれる。

大事なことは、あなたの中に眠るその種に気づき、大きく開花させることなのである。

## 本書を読んでくださったあなたへ

この本でお伝えしたことともう１つ、これからの商売・ビジネスにおいて、とても重要な、必ず押さえていただきたいことがあり、それを３回の動画にしました。
私のLINE公式アカウントに登録いただいた方に動画をプレゼントしていますので、下のQRコード（およびURL）からLINE公式アカウントにご登録ください。

**【小阪裕司　公式 LINE】**

https://lin.ee/SQeljoO

※動画プレゼントは予告なく終了・変更することがありますので、お早めにご登録ください。

PHP
Business Shinsho

小阪裕司（こさか・ゆうじ）

オラクルひと・しくみ研究所代表。博士（情報学）。九州大学招へい講師、日本感性工学会理事。

山口大学人文学部卒業（専攻は美学）。1992年オラクルひと・しくみ研究所を設立。「感性と行動の科学」をもとにしたビジネス理論と実践手法を研究・開発し、2000年からその実践企業の会であるワクワク系マーケティング実践会を主宰。現在、全都道府県・海外から約1500社が参加。近年は研究にも注力し、2011年、博士（情報学）の学位を取得。産官学にまたがり、年間数多くの講演・講義も行う。2017年からは、この理論と実践手法を全国の企業に広める事業が経済産業省の認定を受けている。

『日経MJ』紙に14年に渡りコラム「招客招福の法則」を連載した他、著書は『「顧客消滅」時代のマーケティング』『「感性」のマーケティング』（以上、PHP研究所）、『価値創造の思考法』（東洋経済新報社）など多数。

PHPビジネス新書 447

「価格上昇」時代のマーケティング
なぜ、あの会社は値上げをしても売れ続けるのか

2022年9月8日　第1版第1刷発行

著　者　小阪裕司
発行者　永田貴之
発行所　株式会社PHP研究所
東京本部　〒135-8137　江東区豊洲5-6-52
第二制作部　☎03-3520-9619（編集）
普及部　☎03-3520-9630（販売）
京都本部　〒601-8411　京都市南区西九条北ノ内町11
PHP INTERFACE　https://www.php.co.jp/
装　幀　齋藤　稔（株式会社ジーラム）
組　版　石澤義裕
印刷所　株式会社光邦
製本所　東京美術紙工協業組合


ISBN978-4-569-85273-7

## 「PHPビジネス新書」発刊にあたって

わからないことがあったら「インターネット」で何でも一発で調べられる時代。本という形でビジネスの知識を提供することに何の意味があるのか……その一つの答えとして「**血の通った実務書**」というコンセプトを提案させていただくのが本シリーズです。

経営知識やスキルといった、誰が語っても同じに思えるものでも、ビジネス界の第一線で活躍する人の語る言葉には、独特の迫力があります。そんな、「**現場を知る人が本音で語る**」知識を、ビジネスのあらゆる分野においてご提供していきたいと思っております。

本シリーズのシンボルマークは、理屈よりも実用性を重んじた古代ローマ人のイメージです。彼らが残した知識のように、本書の内容が永きにわたって皆様のビジネスのお役に立ち続けることを願っております。

二〇〇六年四月

ＰＨＰ研究所